Marion Ruffié

LA PAUSE, C'EST CHAT-CRÉ !

ILLUSTRATIONS : DJOÏNA AMRANI (INTÉRIEUR)
ET SOPHIE DELANNOY (COUVERTURE)

PETIT GUIDE POUR PRATIQUER LE HYGGE AVEC SON CHAT

SOLAR EDITIONS

SOMMAIRE

Introduction

Sa trombine craquante, ses yeux attendrissants, sa classe naturelle et ses attitudes à mourir de rire parfois... votre chat vous fait totalement fondre ! Et vous savez quoi ? Il est aujourd'hui prouvé que le chat permet de booster votre bien-être : plus d'efficacité au travail, plus de confiance en soi, plus de zénitude quotidienne, et même une espérance de vie plus longue ! Votre félin a des superpouvoirs ! Vous vous en doutiez, non ?

Pour une vie de rêve avec votre petit félin, ce livre va vous apprendre à le comprendre parfaitement. À mieux communiquer avec lui, à respecter ses besoins et ses instincts, à optimiser votre maison pour qu'elle vous convienne à tous les deux. À la clé : une relation harmonieuse et un chat plus affectueux que jamais !

Parce qu'il le mérite, vous allez aussi le chouchouter. Vous découvrirez toutes les manières de lui faire du bien, de le distraire et le gâter. Jeux, nourriture, soins naturels, voilà l'occasion de renforcer vos liens tout en lui faisant plaisir et en l'apaisant.

Et pour atteindre le Nirvana, votre petit chat sera votre maître zen : apprenez toutes les techniques pour déstresser, développer votre bien-être et booster votre mental grâce à lui. Tout ça en vivant des moments inoubliables à deux ! Ça vous tente ? Alors suivez le guide !

Je vous propose ici un vrai moment de détente enrichi, de plein de conseils, d'astuces, de méthodes… et même de quelques geekeries et lolcats. Bref absolument tout pour mieux connaître votre chat, lui offrir le meilleur et recevoir le meilleur en retour.

Test : Un peu, beaucoup ou à la folie entre nous ?

Entre vous, c'est une colocation, une histoire d'amitié ou la passion ardente ? À quel point êtes-vous accro à votre chat ? Découvrez-le en faisant le test !

1 Vous êtes occupée sur votre laptop, et Mister Cat n'est pas là...

◆ Quoi, il n'est pas déjà voluptueusement lové sur mon clavier ? Ce n'est pas normal, je vais voir ce qu'il fabrique.

● De toute façon, c'est un chat indépendant, il ne fait jamais attention à moi. Et comme il a déjà mangé…

■ Super, je vais enfin pouvoir me concentrer et travailler tranquillement !

2 S'agissant des visites chez le vétérinaire, vos habitudes...

◆ Je suis une vraie maman-chat, je m'inquiète tout de suite. J'ai même pris un abonnement chez mon vétérinaire !

■ Je fais le nécessaire : je ne rate jamais la visite annuelle du rappel de vaccin.

● Il ne sort pas, pourquoi aurait-il besoin d'un vétérinaire ?

3 Dimanche après-midi. Vous vous relaxez sur le canapé, votre chat paisiblement endormi sur vos genoux...

■ Attendrie, je pose une main tranquille sur son petit corps endormi.

◆ Il est so cute, je ne peux pas m'empêcher de le prendre dans mes bras pour le poser près de mon cou, parfait pour des petits bisous !

● Il me tient vraiment trop chaud et me coupe la circulation du sang. En plus, j'ai besoin d'aller aux toilettes…

4 Les repas, vous les servez...

● À volonté ! Je n'ai pas envie de me prendre la tête ni qu'il me harcèle de miaulements à n'importe quelle heure, voire en pleine nuit !

■ À volonté, hors de question qu'il soit affamé et stressé.

◆ Deux fois par jour, pour éviter qu'il prenne du poids !

5 Et la litière chez vous, c'est comment ?

◆ Un vrai petit cabinet de toilette, design, parfumé, parfait pour préserver son intimité !

● Une maison de toilette avec porte battante et filtre pour contrer les odeurs.

■ Un bac ouvert, le plus simple !

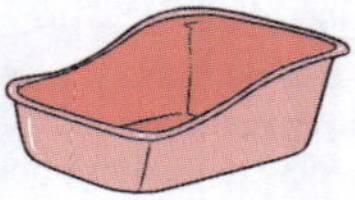

6 Chat rencontre un autre chat… et ils semblent en désaccord sur un sujet. Ça feule, ça crache et ça part en roulé-boulé…

■ Sans me faire trop de souci, je les surveille de loin, au cas où.

◆ Affolée, je me précipite pour les séparer : interdiction d'abîmer mon chaton !

● Je le gronde et l'enferme dans la salle de bains : jamais de la vie Chat n'a été éduqué de la sorte !

7 Question nourriture, vous lui donnez plutôt…

● Des croquettes, et c'est tout.

■ Des croquettes et des terrines de temps en temps, pour lui faire des petits plaisirs gourmands.

◆ Des petits plats maison, des croquettes, des boîtes, des friandises… Qu'est-ce que je devrais encore essayer… ?

8 Jouer avec son chat, pour vous, c'est…

● Une corvée… Il sait s'amuser seul, je suis trop fatiguée et je suis occupée par des choses plus importantes.

■ Un plaisir. J'adore bidouiller plein de petits jouets, essayer des DIY pêchés sur Internet et acheter de nouveaux gadgets pour l'amuser.

◆ Une addiction ! Je ne peux pas m'empêcher de le taquiner, de le faire jouer à la boxe, de le tripoter, même quand il dort !

9 Depuis votre plus tendre enfance, vous et les chats…

■ Je les adore et ils m'adorent !

◆ On dirait qu'ils m'évitent, à mon grand désespoir.

● Ils m'ont toujours collée… à mon grand désespoir !

10 Il a fait une grosse bêtise…

◆ Je le secoue par la peau du cou, comme le fait la maman chat, pour qu'il comprenne !

■ Rien : il ne comprendrait pas que je le réprimande, il a simplement suivi son instinct !

● Je le dispute en criant un peu… et je le mets au coin en l'enfermant dans la salle de bains.

Faites les comptes !

■	●	◆

Vous avez un maximum de ● :

Avec votre chat, c'est l'auberge espagnole !

Vous vivez ensemble sans accroc, c'est bien, mais plutôt chacun dans votre coin ! Il se gère, vous vous gérez… Tant mieux, parce que vous n'avez pas beaucoup de temps à lui consacrer, avec votre planning overbooké ! Pourtant, en apprenant à mieux connaître votre chat, vous pourrez éviter tous les petits désagréments qui vous ennuient chez lui, profiter de bons moments passés ensemble, et même vous faire du bien grâce à lui ! À la fin de ce livre, vous ne verrez plus votre chat de la même manière, et réciproquement. Il va vous changer la vie !

Vous avez un maximum de ■ : *Avec votre chat, vous ronronnez à deux !*

Vous êtes un peu comme un vieux couple : vous savez tout l'un de l'autre, votre quotidien est bien organisé et vous convient. Vous savez vivre ensemble tout en conservant des plages de liberté pendant lesquelles chacun se consacre à ses envies et ses besoins. Dites donc, la routine n'est-elle pas un peu trop installée ? Et si vous tentiez de nouvelles expériences ? Tout au long de ce livre, vous allez découvrir de nouvelles façons de cultiver votre complicité, de tout partager et de vous faire plaisir mutuellement, pour booster votre vie ensemble. Ces nouveautés entre vous, vous ne les regretterez pas ! « Fifty chats of Grey », c'est maintenant !

Vous avez un maximum de ◆ : *Avec votre chat, c'est l'amour comme au premier jour !*

Vous ne pouvez pas vous passer de votre chat ! Il a été, dès son arrivée dans votre vie, un soutien indéfectible, et pour vous il est normal de lui rendre la pareille. Aussi êtes-vous très (trop ?) présente pour lui, vous avez toujours besoin de savoir où il est, ce qu'il fait, pour le protéger et le câliner (il est si adorable !). Vous le couvrez de cadeaux… Bref, votre chat, c'est la prunelle de vos yeux. C'est à la fois une chance merveilleuse pour lui, mais aussi parfois un fardeau qui l'étouffe. Même pour vous, cela n'est pas si bon : cela vous blesse profondément lorsqu'il ne répond pas à votre affection… Rassurez-vous, ce livre fera de vous la nana de la situation ! Vous allez faire évoluer votre relation dans le respect des besoins de chacun, et cela sera l'occasion de découvrir de nouvelles façons de vivre votre complicité. Vous ne l'aimerez pas moins… mais mieux !

Chapitre 1

Chat, mode d'emploi

Votre chat est un vrai petit tigre. Ses petites bizarreries de chat vous font rire… et vous intriguent. À bien y réfléchir, vous observez chez lui certains traits bien étranges que vous ne savez pas toujours parfaitement décoder. Or, justement, bien comprendre ses instincts vous assurera de répondre à ses besoins pour vous entendre parfaitement et garantir son bien-être. Voici quelques-unes de ses caractéristiques principales.

Je règne sur mes terres

Le chat est un animal territorial, c'est-à-dire qu'il structure son quotidien autour de son environnement : il balise et sécurise son domaine chaque jour, et il organise ses différentes activités à l'intérieur de cet espace. Il ne faut pas confondre un chat très territorial (qui marque beaucoup) avec un chat très attaché à son territoire (soit un chat qui n'aime pas trop les changements et pour qui perdre ses repères est une catastrophe !). Ainsi, on peut avoir un chat très territorial et peu attaché à son territoire et, à l'inverse, un chat peu territorial et pourtant très attaché à son territoire !

Le marquage

Le marquage du territoire est incontournable et occupe une part importante dans la vie du chat. C'est ainsi qu'il va baliser, sécuriser son domaine chaque jour.

Test : Quel est le profil de mon chat ?

❶ Vous rentrez des courses et déposez le cabas par terre…

▲ Pas le temps de cligner des yeux que Chat accourt, renifle le sac et se couche dessus aussi sec.

● Monsieur Chat vous regarde à peine, alangui sur le canapé, et continue sa toilette.

❷ Vous avez acheté un nouveau tapis pour le salon…

▲ Chat s'empresse de l'inaugurer en faisant ses griffes dessus.

● Chat était en train de faire sa toilette et… continue !

❸ Vous recevez enfin votre colis tant attendu ! Vite, vous vous empressez d'ouvrir le carton…

▲ À peine le temps d'attraper les ciseaux que votre chat est déjà sur le carton, il ne vous quitte pas des yeux (ni de la truffe)… et s'engouffre dans le carton une fois ouvert !

● Intrigué, il tourne un peu à côté de vous, mi-curieux mi-indifférent… et finalement décide d'aller manger une ou deux croquettes.

❹ Vous avez deux chats…

▲ Votre chat cherche toujours à déloger l'autre, il veut toujours prendre sa place, jouer avec ses jouets… Il le titille un peu trop à votre goût !

● Votre chat se laisse souvent faire, il préfère être tranquille.

Vous avez un max de ▲ : *Votre chat est très territorial,* avec un fort besoin de marquer son habitation et chaque nouvelle chose qui s'y trouve ! On peut dire aussi qu'il est très « marqueur ». Ce n'est pas une bonne ou une mauvaise chose et, chaque chat étant différent, il existe une multitude d'options possibles. Par exemple, il ne faut pas imaginer qu'un chat très territorial est forcément plus curieux ou plus agressif qu'un chat peu territorial. Mais savoir que votre chat est très territorial vous sera utile pour mieux le comprendre et répondre à ses besoins, notamment dans l'aménagement de votre maison (cf. p. 30) et dans vos choix de vacances (cf. p. 72).

Vous avez un max de ● : *Votre chat est peu territorial,* moins « marqueur », il balise un peu son domaine certes, mais ce n'est pas son obsession ! Ce n'est ni une qualité, ni un défaut, et ce constat est à nuancer avec les autres traits de personnalité de votre chat. Par exemple, un chat peu territorial n'est pas forcément plus craintif ou plus faible.

Avez-vous déjà remarqué qu'à la maison, il se frotte aux meubles, aux angles de murs (au point parfois de laisser des traces) ? Qu'il se précipite à toute vitesse dès que vous changez sa litière, qu'il accourt aussitôt pour uriner dedans ? Ou encore qu'il vient s'allonger et faire la sieste sur votre sac à main dès que vous le déposez sur la table ? C'est aussi du marquage ! Le chat a quatre façons de marquer son territoire.

En occupant l'espace

Lorsqu'il se couche sur votre sac, par exemple, ou sur le magazine que vous venez de faire tomber par terre, on peut dire qu'il territorialise l'objet, qu'il le fait sien. Genre : « *Ok, c'est bon, je l'ai checké.* »

En faisant un petit pipi

Le moins amusant… Le chat a deux manières de marquer de cette façon : en position accroupie (pour l'élimination à proprement parler) et debout, la queue relevée qui frétille, avec un jet bien senti à la verticale sur le mur. Cette dernière position indique un marquage de territoire strict, tandis que l'autre méthode peut avoir plusieurs significations (un besoin d'apaisement à la suite d'un stress, le besoin d'évacuer un trop-plein de frustrations…). Quoi qu'il en soit, le chat dépose par ses urines et défécations des odeurs et des phéromones, qui vont avoir plusieurs fonctions (le rassurer, sécuriser son territoire, ou échanger des informations avec des congénères).

En griffant

En effet, le chat ne « fait » pas ses griffes, techniquement parlant. Bien qu'il y ait aussi une notion de détente dans ce comportement, c'est surtout un moyen de marquer son territoire : visuellement (« *Je suis passé ici* »), auditivement (« *Coucou je suis là !* ») et chimiquement, en déposant les phéromones qui se trouvent entre ses coussinets.

En se frottant

Quand il se frotte aux angles de meubles, de murs, et même parfois à vos jambes, là encore, il dépose des phéromones ! Bien qu'il connaisse ses meubles, ses murs et vos jambes, votre chat a besoin de re-marquer, jour après jour. Hormis le fait que ce marquage soit volatil, il arrive aussi que le ménage efface ses traces. De la même manière, quand on revient de l'extérieur, on rapporte souvent avec nous des odeurs qui lui sont étrangères : en se frottant, il va « intégrer » ces nouvelles odeurs, tout en déposant les siennes par-dessus, pour rendre le tout sécurisant.

Phéromones ?

Les phéromones sont des substances chimiques émises par le corps, qui vont déclencher instinctivement des réactions chez les individus d'une même espèce. Par exemple, les phéromones d'une chatte en chaleur attirent le mâle. Il y a des phéromones de stress, des phéromones apaisantes, des phéromones sexuelles… Bref, ces phéromones sont pleines d'informations ! Elles jouent donc un rôle très important dans la vie du chat, qui peut, grâce à elles, non seulement échanger des infos avec ses congénères (« *Ici, c'est chez moi !* »), mais aussi s'apaiser, s'avertir (« *Je suis passé par là l'autre jour et il y a eu un danger… fais attention !* »).

Je suis un lonesome cowboy

Le chat est un animal solitaire (et non social, comme le chien), il ne régit pas son existence sous un système hiérarchisé. Cela ne l'empêche pas de mettre en place des codes sociaux quand la situation le demande (chats errants qui se regroupent pour accéder à plus de ressources, ou plus simplement deux ou trois chats qui cohabitent à la maison). En fait, le chat… fait sa vie et suit ses besoins vitaux : il a faim ? Il va chercher de quoi manger. Il a sommeil ? Il va dormir ! Mais cela n'en fait pas un égoïste pour autant (voilà bien une notion qui lui est étrangère). Répondre à ses besoins n'est-il pas une attitude saine et normale ?

Il n'y a donc ni dominant ni soumis chez le chat. Le vôtre vous semble pourtant dominant par rapport au chat de vos parents ? On parlera plutôt de velléités territoriales. Avec vous non plus, le chat ne cherchera pas à prendre le dessus, à établir de hiérarchie, il vivra sa vie, c'est tout.

Cat fight club

Deux chats ne cherchent pas à se tuer quand ils se bagarrent. Instinctivement, en tant qu'animal solitaire, le chat sait qu'il ne peut compter sur personne pour lui venir en aide, et qu'une blessure peut être fatale… c'est pourquoi il détient un panel de signaux pour éviter les conflits.

Je suis un mouse hunter

Même si votre Chouminou passe sa vie à faire la sieste, aussi dingue que cela puisse paraître, c'est bel et bien un redoutable chasseur. La chasse est inscrite en lui, et votre chaton d'intérieur se transformerait en tigre si vous le laissiez quelques jours à la campagne ! Le chat peut être plus ou moins bon chasseur, selon ses expériences et les apprentissages qu'il a eus avec sa mère et sa fratrie. Plus le chat va s'entraîner, plus il sera bon et aiguisera ses techniques de chasse, même s'il n'a pas été sevré et n'a pas pu apprendre avec sa mère. Tous ses jeux tournent d'ailleurs autour de ça. Remarquez sa posture quand il est comme aplati au sol, avec son arrière-train relevé qui se dandine de droite à gauche !

Le marquage du territoire et la chasse (pour un chat d'intérieur, il s'agira du jeu) occupent environ 4 heures 30 de sa journée.

Supersens de chasseur

Votre chat est fait pour la chasse, avec ses sens de superhéros !

Son odorat ultradéveloppé (avec ses 200 millions de terminaux olfactifs contre 5 millions pour l'humain) lui permet de percevoir toutes les odeurs et les phéromones. Il possède en outre un organe appelé organe de Jacobson (ou organe voméro-nasal) qui lui permet de « goûter » les odeurs en les faisant remonter de sa langue sur son palais (on dit qu'il fait un flehmen). Il sait ainsi ce qu'il peut manger ou non, sans avoir à croquer dedans !

Ses oreilles, qui bougent indépendamment l'une de l'autre, peuvent capter chaque microbruit avec une précision sans faille ! D'ailleurs vous avez dû remarquer comme chaque soir votre chat vous attend sur le pas de la porte ? Il a tout à fait reconnu vos pas… dans le hall de l'immeuble ! Un chat entraîné sait parfaitement distinguer le cri d'un mulot de celui d'un campagnol !

Sa vue est incroyablement perçante la nuit. S'il ne peut voir dans le noir total, la seule lueur des étoiles lui permet de se diriger comme en pleine lumière. Son champ de vision est de 287 degrés (contre 180 pour l'humain) ! Le jour, cependant, sa vue est un peu floue de près, et il repère mieux ce qui est en mouvement que ce qui est immobile.

Son toucher lui est aussi utile ! Ses vibrisses (ses moustaches et les grands poils qu'il a sur les pattes, ses sourcils) lui permettent de « mesurer » la proximité d'obstacles. Ses coussinets sont recouverts d'une pellicule élastique et de cellules tactiles ultrasensibles, pour « analyser » une chose en la touchant. Grâce à eux, il peut se déplacer sans bruit (très utile pour s'approcher de ses proies) et se protéger des dangers tels que toits brûlants ou plaques de verglas.

Astuce pour faire aimer son chat à son mec

Utilisez le bon vocabulaire ! Le chat est un prédateur, un chasseur, son instinct animal le pousse à baliser son territoire, à sécuriser le périmètre… En fin de compte, on pourrait aisément comparer le chat à un militaire ! Sa façon de se déplacer, de concevoir le territoire, le besoin de couvrir ses arrières, de voir le danger arriver, bref, usez des bons mots pour inciter votre mec à jouer avec lui… Motivez-le finalement à entraîner votre chat pour en faire un vrai tigre, car c'est ce qu'il est en son for intérieur !

Good or villain ?

Le chat ne chasse cependant pas que pour manger, même dans la nature. C'est parfois juste un besoin de jouer. Il arrive que le chat tue directement sa proie et la mange dans la foulée, ou bien qu'il la tue et la rapporte pour la manger plus tard ou pour jouer, ou encore qu'il ne la tue pas pour jouer un peu plus… et la manger ou non plus tard ! On pourrait se dire que c'est cruel, mais c'est là la nature chasseresse de votre petit félin. On s'imagine que le chat qui ramène une proie à la maison nous fait une offrande… À vrai dire, il est plus probable qu'il s'agisse de son instinct de chasseur que de l'instinct de Père Noël !

Si vous surprenez votre chat à jouer avec une souris ou un oiseau, ne vous forcez pas à regarder le massacre ! Rien ne vous empêche de sortir la souris ou l'oiseau avant qu'il ne soit trop tard. Votre chat partira à sa poursuite, ou jouera d'une autre manière… il s'en remettra ! Mais ne le réprimandez pas.

Mon chat est une exception !

Toujours ! (Ou presque). Eh oui, en plus de ces caractéristiques incontournables de l'espèce, Mister Chat a une sacrée personnalité. C'est pourquoi on aime tellement ces petits animaux : chacun a son petit truc en plus. Plusieurs facteurs forgent le caractère de votre chat.

L'influence de la race et de la génétique

Elles peuvent apporter certains traits. Toutefois, ce n'est pas une règle, et il ne faut pas choisir un persan pour son côté tranquille en se disant que l'on n'aura pas à jouer trop avec lui… Aussi tranquille que puisse être sa « base », il demeure un chat avec des instincts !

Quels traits de caractère de votre chat proviennent de sa race ? Voici ceux des 10 races préférées des Français en 2015 (classement selon les inscriptions au LOOF, le *Livre officiel des origines félines*).

1. Main coon : le colosse au cœur tendre
2. Sacré de Birmanie : l'élégant ganté
3. Persan : le calme distingué
4. Bengal : l'énergie féline, la panthère de salon
5. Chartreux : la finesse tranquille, l'équilibre
6. British shorthair : l'indépendant adorable
7. Ragdoll : la gentille peluche
8. Norvégien : le warrior au grand cœur
9. Exotic shorthair : le sympa à la trombine kawaï
10. Sibérien : le robuste sportif

Pour en apprendre plus sur chaque race, découvrez l'appli « Les Chats » (sur fond noir !), ou lisez *Chats*, de Tamsin Pickeral (éd. Flammarion), où sont décrites toutes les races du monde, à travers les âges.

L'influence du comportement maternel et du sevrage

À la naissance, la maman s'est-elle bien occupée de ses petits ? Quels apprentissages leur a-t-elle apportés ? C'est la question du sevrage. Souvent, on pense que le sevrage se limite à la nourriture (quand le chat n'a plus besoin de lait). Or un chaton peut tout à fait manger des croquettes dès l'âge de 1 mois ou 1 mois ½, sans être sevré pour autant ! Il ne faut pas confondre sevrage alimentaire et sevrage affectif et éducatif. En fait, le sevrage est bien fait lorsque le chat a reçu de sa mère tous les apprentissages nécessaires à son bon équilibre : ne pas griffer ni mordre (modérer la pression des crocs, savoir rétracter ses griffes), par exemple ! Pour que le chaton soit bien sevré, il doit rester auprès de sa mère et de sa fratrie jusqu'à l'âge de 3 mois. Les chats sevrés trop tôt sont souvent plus fragiles émotionnellement.

L'influence de l'environnement dans lequel il a grandi

A-t-il connu des humains depuis qu'il est petit ? A-t-il grandi à la campagne ou en pleine ville ? dans un foyer chaleureux ou au local poubelles ? Tout cela peut jouer sur son caractère et ses réactions, notamment vis-à-vis des humains et des autres animaux. Un chat qui n'a jamais grandi auprès d'humains pourra être plus méfiant, plus distant envers eux. De la même manière, un chat qui n'a jamais connu la vie dans une maison avec un bac à litière (et/ou sans une mère à imiter) pourra mettre plus de temps pour devenir propre.

L'influence du relationnel qu'il a connu

Avec d'autres congénères, d'autres animaux et des humains. S'il a été maltraité par un homme, un chat pourra craindre par la suite tous les hommes, et être aussi d'une nature plus agressive (étant en quelque sorte conditionné à cette communication violente).

L'influence de son environnement actuel

… et le relationnel dont il bénéficie aujourd'hui (sa vie avec vous !). Même s'il a eu un passé douloureux (malnutrition, maltraitance, abandon…) avant de trouver votre foyer chaleureux, le chat peut progressivement reprendre confiance, et changer de comportement. Cela demande du temps, de la patience, de la compréhension, mais c'est possible, et d'ailleurs cela donne souvent à la fin une belle relation forte !

Il y a quelque chose qui cloche chez mon chat !

Chaque chat est différent, c'est pourquoi il ne faut pas tout de suite se dire que son chat n'est pas normal. Tous les chats n'aiment pas le thon ou les gratouilles sur le ventre… Votre chat a son (ou ses) truc à lui ! Et puis, rien n'est irréversible : c'est sa vie avec vous qui peut adoucir ou réparer son caractère, son comportement. S'il a été maltraité dans sa vie d'avant, s'il est craintif ou d'une tendance agressive, ou s'il semble ne pas aimer le contact, rien n'est perdu ! À force de patience et d'amour, vous parviendrez certainement à le transformer et à le rendre plus présent, moins peureux.
Rien n'est figé, vos relations sont entre vos mains ! Ce livre va vous guider pour créer une relation plus harmonieuse et plus affectueuse.

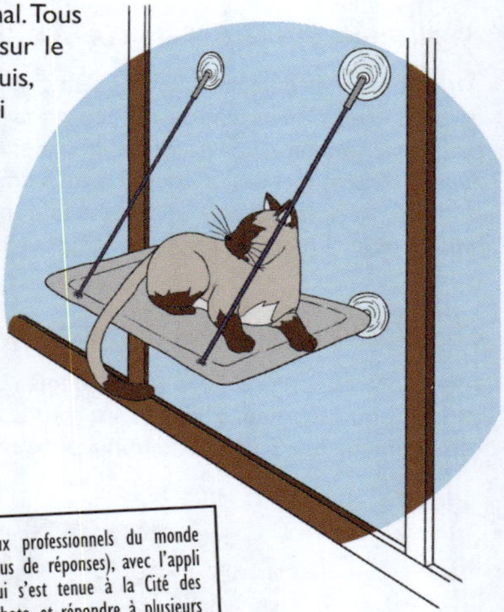

Partagez votre quotidien avec votre chat, tout en permettant aux professionnels du monde animal d'avancer dans la recherche (et de vous apporter encore plus de réponses), avec l'appli « Chiens et chats », créée à la suite de l'expo du même nom qui s'est tenue à la Cité des sciences de la Villette. Vous pouvez inscrire votre chat, joindre une photo, et répondre à plusieurs questionnaires sur votre vie avec votre félin. En prime, vous saurez où se situe votre chat parmi les autres chats, et bénéficierez de conseils personnalisés.

Lui, moi et nos quiproquos

Vous l'aimez si fort que vous oubliez parfois qu'il est un chat ! Vous voulez lui apporter tout ce qu'il y a de mieux, et pour ce faire, vous lui donnez ce que vous souhaiteriez pour vous-même… Malheureusement, il n'a pas toujours l'air très reconnaissant…

L'anthropomorphisme et ses quiproquos peuvent parfois gâcher la vie. À force d'interpréter de travers, vous vous compliquez les choses et vous l'embrouillez. Pour tout bien faire, suivez le guide !

Différence de perceptions

Chaque être vivant a sa propre perception du monde, de son environnement. Par exemple, lorsque vous bougez vos pieds sous la couette, pour vous, c'est un mouvement de confort alors que votre chat y voit une proie ! Votre plaid déco peut être pour lui comme un nid douillet où il retrouve le réconfort et la chaleur maternelle. Lorsque votre copine Nadia sonne à votre porte, pour lui, c'est : danger (et pas seulement parce que votre copine Nadia est un peu collante avec lui, mais parce que le bruit de la sonnette est aussi menaçant !).
Le chat a une perception de son environnement tournée vers sa survie, et il lui faut parfois du temps pour intégrer que telle source de stress n'est finalement pas un danger. *Get it ?*

Dominance et soumission

Idée reçue : « Si mon chat dort à ma tête, c'est qu'il veut prendre le dessus sur moi, non ? qu'il veut me dominer ? »
Voilà bien un concept humain ! Il n'existe pas de notions de dominance et de soumission chez le chat. Votre chat ne cherche pas à prendre le contrôle sur vous, ni à devenir le chef. S'il dort à votre tête, c'est tout simplement qu'il s'y trouve bien ! De la même manière, ce que l'on prend aussi pour un rapport de domination entre deux chats n'est en fait que le fruit de leurs « accords » sur le partage des ressources. En effet, le chat n'établit pas de hiérarchie, mais il met au point une sorte de règlement intérieur lorsqu'il vit avec un congénère, un peu comme des colocataires. Il s'agira plutôt d'une répartition des espaces, en fonction aussi des moments de la journée ! Ainsi, ils définissent les règles comme : « *Moi, je passe par là pour aller à la gamelle, toi, tu passes par là* », « *Tu siestes sur le canapé le matin, et moi l'après-midi* », « *Ici, c'est une zone neutre* », etc.

Sentiments VS émotions

Voilà bien le nœud de l'anthropomorphisme ! Nous prêtons aux chats des sentiments, alors que les chats n'en ressentent pas. Les sentiments (la vengeance, la jalousie, l'amour) induisent une intellectualisation, alors que l'émotion (le plaisir, la peur) est une réaction du corps. Le chat ressent donc des émotions dictées par son instinct et dirigées vers sa survie. Cette incompréhension bloque la communication entre vous, surtout lorsque vous imaginez une mauvaise intention, de la vengeance ou de la provocation de sa part.

L'éducation

Voilà un autre concept relativement étranger au chat, pourtant si « important » pour nous ! Sauf que le chat ne *s'éduque* pas… Bien sûr, il est capable d'apprendre quelques tours, et quelques ordres, tel qu'un « non » s'il monte sur la table. Cependant, soyez à peu près sûre qu'en votre absence, il montera à nouveau sur la table ! En fait, tout ce qu'il enregistrera, c'est qu'il ne faut pas le faire en votre présence, c'est tout.
Aussi, le système des punitions est complètement hors de propos chez le chat, et même totalement contre-productif ! En effet, non seulement le chat peut être stressé par ces punitions qu'il ne comprend pas, mais aussi finir par adopter un comportement particulier pour s'adapter : uriner, agresser… Bref, uncool !

FAQ : Les réprimandes

Pour punir un chat, faut-il le secouer par la peau du cou comme le fait la maman ? Non, celle-ci ne secoue jamais ses petits (elle les transporte simplement de la sorte) ! Votre chat ne comprendra pas pourquoi il est secoué comme un prunier… ce qui a de quoi être angoissant !

Il sait exactement quand il a fait une bêtise !

Non ! Cependant, le chat intègre très vite que lorsqu'il fait certaines choses, soit vous n'êtes pas contente, soit il lui arrive quelque chose de désagréable… Du coup, il tâche au maximum de faire ce qu'il a à faire quand vous ne le voyez pas ! Ce qui pour lui fonctionne aussi quand vous tournez la tête une minute !

Le cercle vicieux des réprimandes

Le truc avec la réprimande physique et aussi *juste* verbale (parce qu'on sait toutes que l'on peut avoir une voix perçante quand on veut !), c'est que le chat ne comprend pas en quoi son comportement est une bêtise, puisque c'est instinctif pour lui (de sauter sur une table, ou encore, moins fun pour vous, de faire pipi sur le tapis pour s'apaiser). Ces punitions sont donc stressantes et cela amène le chat à vouloir s'apaiser davantage… en urinant partout, par exemple ! Vive le cercle vicieux !

La solution

Laissez-le vivre. Et s'il s'agit de problèmes de comportement (pipi…), tâchez d'en trouver la raison pour remédier à cette marque de stress.

Le répulsif pour l'empêcher de faire des bêtises ?

Aïe aïe aïe ! Vouloir empêcher votre chat de monter sur le canapé ou d'aller uriner à tel endroit en mettant du répulsif ne va que renforcer son comportement ! En effet, l'odorat du chat est très très développé. En sentant cette odeur désagréable de répulsif, il va identifier l'endroit comme « insécurisant »… Du coup, il est possible qu'il évite le spot durant quelques jours, mais que, lorsque l'odeur désagréable se sera un peu estompée, il y retourne pour recouvrir la zone de son odeur à lui, tellement rassurante… C'est la même chose avec le vinaigre blanc, le citron, les huiles essentielles…

La solution

Pour qu'il ne monte plus sur un plan de travail, par exemple, optez pour le Ssscat®, un aérosol doté d'un détecteur de mouvements qui, au passage du chat dans son champ d'action, va déclencher un jet d'air vif qui fera fuir le chat. C'est sans danger, mais attention, il ne faut pas en mettre partout non plus ! Apprenez aussi à lâcher prise.

Le dégriffer pour l'empêcher de détruire les murs et les meubles ?

Onyxectomie, c'est le nom savant de cette pratique barbare. L'opération consiste à amputer les troisièmes phalanges des pattes antérieures, là où sont insérées les griffes… Les répercussions sont désastreuses sur le chat, autant physiquement que psychologiquement : non seulement il perd ses attributs de chat, mais en plus il souffre. Car cela suppose qu'il marche sur des moignons… C'est douloureux, extrêmement perturbant… Heureusement, c'est interdit en France depuis 2004.

La solution

Pour qu'il arrête de s'en prendre aux meubles, le plus simple est de lui offrir plusieurs griffoirs. Il faut bien garder en tête que le chat ne ruine pas les meubles pour son bon plaisir, mais bel et bien parce qu'il a besoin d'apposer ses marques (visuelles, chimiques et auditives). C'est instinctif ! Mais il faut noter aussi que, s'il est stressé, il aura besoin de davantage marquer pour s'apaiser… Il convient donc de trouver la cause du stress.

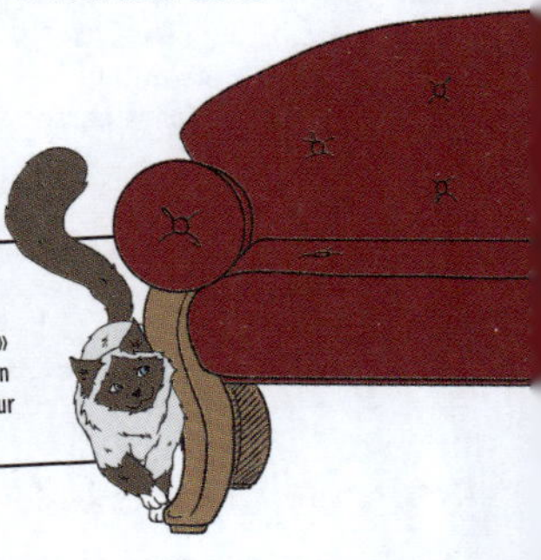

Les capuchons pour les griffes

Ces capuchons en plastique multicolores se collent sur les griffes, dans le but d'éviter au mobilier d'en prendre pour son grade. Ils sont aussi une « torture » pour le chat, qui ne peut plus exercer ses instincts… Imaginez que l'on vous colle pour 6 mois des balles de ping-pong au bout des doigts… (pour votre chat, l'effet est le même !).

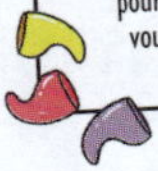

Chapitre 2

Notre love story

Votre histoire avec votre chat est très forte. Vous l'aimez et vous n'hésitez pas à l'exprimer. Mais de son côté, les déclarations sont plus discrètes. Pourtant, vous mourez d'envie de savoir. Comment s'expriment vos liens ? Quelles sont vos relations et que ressent-il ?

Test : Est-ce qu'on est faits l'un pour l'autre ?

Entre vous ce fut une évidence… ou presque. Il a un sacré caractère, mais vous vous défendez bien. Vos caractères s'accordent-ils ou devez-vous composer avec quelques incompatibilités ?

❶ Est-ce que je suis patiente ?

❑ Oui ❑ Non

→ J'ai coché « oui » : Ça, c'est un bon point, car généralement il faut une dose de patience pour assurer une belle relation avec son chat. Certains chats ont besoin de temps (de beaucoup de temps) pour se sentir en confiance, pour aimer être caressé, s'habituer à un nouvel endroit, etc. Et il vaut souvent mieux le laisser venir à vous que le « forcer » et se montrer impatiente. De la sorte, votre chat aura confiance en vous.

❷ Est-ce que je suis un peu maniaque, question rangement, hygiène et principes ?

❑ Oui ❑ Non

→ J'ai coché « oui » : Aïe, ça doit être dur ! Chaton ou adulte, un chat fait potentiellement des « bêtises » ! Et on ne parle pas que des bêtises… il faut bien garder à l'esprit que, pour être bien dans ses pattes, le chat a besoin d'aménagements qui respectent ses instincts… Pas toujours très cool d'avoir la litière dans le salon, mais si c'est LE truc dont il a besoin pour être zen… n'est-il pas plus simple de l'accepter ?

❸ Est-ce que je suis accro aux jolies choses, un peu luxueuses, à la technologie dernier cri et hors de prix, bref, un peu matérialiste ?

❑ Oui ❑ Non

J'ai coché « oui » : Zut, là encore, cela doit vous faire enrager ! Effectivement, les chats font parfois tomber un vase ou lacèrent le canapé, les rideaux, ou encore notre petite jupe préférée... Il existe des trucs pour empêcher cela, cependant vous devrez aussi apprendre à lâcher prise. Une leçon de bien-être qui vous fera du bien, vous verrez !

❹ Est-ce que je me montre souvent têtue ?

❑ Oui ❑ Non

J'ai coché « oui » : C'est un bon point *si et seulement si* cette détermination est bien utilisée ! Être têtue en ne répondant pas à ses miaulements nocturnes vous apportera au final la sérénité ! Alors qu'être têtue en ne dérogeant pas à la règle de deux repas par jour ne vous apportera que du stress (car votre chat vous le rendra !)... Gardez bien l'esprit ouvert ! Vous verrez tout au long de ce cahier à quel moment être têtue est une bonne chose et à quel autre ça peut être un frein !

❺ Est-ce que je ressentais un manque affectif ou de la solitude lorsque j'ai adopté mon chat ?

❑ Oui ❑ Non

J'ai coché « oui » : Ah... Ça arrive ! Reporter une blessure en voulant donner beaucoup d'amour à un petit être vivant n'est pas foncièrement une mauvaise chose... mais il ne faut pas compter que sur votre chat pour vous apporter la paix intérieure. Sachez aussi qu'en trouvant votre propre zénitude, votre chat la ressentira et n'en sera que plus adorable (cf. p. 85) !

❻ Est-ce que je suis workoholic, que je rentre tard et m'absente souvent pour le travail ?

❑ Oui ❑ Non

J'ai coché « oui » : C'est ennuyeux, car votre chat doit s'ennuyer ferme... Du coup, il faut mettre le paquet sur les jeux et toute source de stimulation pour bien l'occuper !

Ça tombe bien car ce cahier regorge d'idées ! Autre solution... adopter un petit pote pour qu'ils puissent jouer ensemble ! Si votre désir d'adopter est fort, alors songez dès le départ à adopter deux chatons, qui grandiront ensemble et pourront jouer l'un avec l'autre.

Au fait, pourquoi je suis si dingue de mon chat ?
Parce que vous êtes malade de lui… au sens propre ! Eh oui, une étude scientifique prouverait que la toxoplasmose nous rend accro aux chats. Bien connue des femmes enceintes que l'on met en garde contre elle, cette affection parasitaire bénigne transmise par les chats (mais que l'on a bien plus de chance d'attraper en mangeant un fruit mal lavé) ne cause généralement aucun problème. Inoffensif, le parasite *Toxoplasma gondii* va venir se loger dans une région du cerveau, l'amygdale, siège de nos émotions et, surtout, responsable de la libération de la dopamine, l'« hormone du plaisir »… et c'est là que tout se jouerait : nous ressentirions du plaisir à être près d'un chat, et comme si c'était une drogue, nous deviendrions accro à lui, nous ressentirions le besoin d'être auprès des chats, de les caresser… Si de nouvelles études remettent en question ces observations, il n'en reste pas moins que vivre avec un chat nous transforme en amoureuse transie !

Que ressent mon chat ?

C'est LA question qu'on se pose toutes ! On les aime tant et ils sont si mignons… nos chats sont un peu nos bébés ! Personnellement, j'adorerais que mon chat rie quand je le chatouille ! Vous aussi ? Le vôtre vous fait des bisous ? Des à-cou ? Des câlins à tomber à la renverse ? Ces élans d'amour sont si agréables, surtout après une journée de travail éreintante ! Le hic, c'est que parfois vous avez l'impression qu'il ne vous aime pas, qu'il vous en veut… pour quelque chose, mais quoi ? Voire qu'il se venge…
Perdues dans ces concepts humains, nous interprétons mal et cela nous peine inutilement…

FAQ

Quand je suis rentrée de vacances, je lui ai rapporté un tipi tout moelleux pour faire sa sieste, mais il ne va jamais dedans, à croire qu'il le snobe pour me faire payer mon absence…

Votre chat n'essaie pas de vous faire payer quoi que ce soit. Le chat ne va peut-être pas aller dormir dans le tipi car ça ne lui convient pas *pour le moment* ! Mais ça ne veut pas dire qu'il n'ira jamais !

Si mon chat fait pipi sur mon lit, c'est clairement pour se venger !

Toujours non ! C'est tout simplement pour s'apaiser qu'il fait ça. Il ne se venge pas mais essaie de retrouver son équilibre face à un stress. À la naissance, la mère lui lèche la zone périnéale pour que le chaton élimine, et de l'urine imbibe alors le nid. Le petit passe donc ses premiers jours au chaud contre sa mère à téter, s'endormir, se blottir, dans un nid imbibé d'urine. C'est pourquoi cette odeur est tellement rassurante pour le chat !

Mon chat est jaloux que mon mec me tienne la main quand on regarde un film : il le pousse pour venir s'installer entre nous, et si mon copain le caresse, mon chat le mord !

Eh bien non ! Si votre chat s'est installé entre vous, c'est plutôt pour être tranquille entre vous deux, bien blotti. Si votre chat ne connaît pas bien votre mec, c'est peut-être aussi pour lui un moyen de venir se « l'approprier », approprier ses odeurs dans un moment de calme. Et s'il a mordu, c'est certainement parce qu'il ne souhaitait pas être touché !

Mon chat est possessif, il veut à tout prix accaparer mon attention. Il m'embête quand je travaille, il fait le clown et s'accroche à moi quand je reçois des amis...

Il se peut en effet que votre chat soit un peu dépendant. Cela arrive, et ce n'est pas grave tant qu'il reste équilibré et que d'autres comportements vraiment problématiques n'apparaissent pas.

Parlez-moi d'amour

Comme nous l'avons vu plus haut, il y a une grande différence entre les sentiments et les émotions. Par exemple, parlons d'amour... L'amour, tel que nous, humaines, le concevons, implique bien des choses : nous pouvons être jalouses, avoir peur de ne plus être aimées, nous sentir délaissées, être possessives... En fait, c'est parce que nous réfléchissons à ce que nous ressentons, nous anticipons, nous imaginons des choses... Nous construisons toute une pensée autour de l'émotion qui nous pousse vers une personne.

Que ressent mon chat ?

Le chat suit ses émotions simples, utiles pour sa survie : *J'ai faim ? Je vais chercher de quoi me sustenter ! Je me sens insecure ? Je cherche le moyen de me rassurer. J'ai chaud ? Je vais m'étendre sur le carrelage. J'ai froid ? Je vais me blottir sous la couette près de mon humaine (parce que j'ai beaucoup d'affection pour elle, elle me rassure, je me sens en sécurité contre elle).*

Il ne réfléchit pour ainsi dire jamais à ce que vous pouvez ressentir s'il ne dort pas dans le panier acheté exprès pour lui (car même ça, finalement, il ne le *sait* pas !). Aucune notion de vengeance donc, ni de provocation, etc., le chat fait ce qui est bon pour lui ! Pas mal, non ? Finalement, nous ferions bien parfois de suivre son exemple.

Quel est son lien avec moi ?

Si le chat ne ressent pas de *l'amour* pour vous, il ressent néanmoins de l'attachement. Donc il n'éprouve pas *rien*, bien au contraire ! Votre chat ne vous affectionne pas parce que vous le nourrissez de croquettes ou de pâtée, mais bien parce que vous le nourrissez d'émotions agréables : à vos côtés, il sait qu'il aura toujours à manger, certes, mais il sait aussi qu'il est en sécurité, qu'il peut dormir au chaud, contre vous ou près de vous, qu'il peut jouer avec vous, quelle émotion de joie !

Comment reconnaître son affection ?

Cette affection se renforce par tous les moments de jeu, et quand il vient chaque jour se frotter à vous (en dehors de vos retours shopping !), quand il vous léchouille le nez ou vient réclamer des caresses. Ce sont des moments où il a clairement besoin d'affection et pas d'autre chose. D'ailleurs, quand le chat vient réclamer des câlins pour avoir à manger, ce n'est pas seulement pour manger, mais pour tout le rituel câlin qui va avec ! Même si votre chat ne vous « *aime* » pas de la manière dont vous l'aimez… vous comptez énormément pour lui, soyez-en sûre.

Comment faire pour qu'il soit plus câlin ?

La solution est très simple, bien qu'elle puisse vous sembler frustrante au départ… Pour que votre chat soit plus câlin, il faut le laisser tranquille ! Le laisser dormir même s'il est trop chou ainsi, le laisser jouer quand il s'amuse seul sans intervenir, le laisser être à vos côtés sans le caresser ; il faut aussi arrêter de lui parler sans arrêt… En résumé, ignorez un peu plus votre chat ! MAIS conservez bien un ou deux moments de jeu par jour,

même 10 minutes, car cela renforce les liens d'affection entre vous, quelques moments de câlins (seulement faites-en des moments courts !). De la même façon, quand vous le portez, tâchez de ne pas le garder trop longtemps dans vos bras, et si possible de le reposer *avant* qu'il n'exprime le besoin de descendre. Enfin, s'il a vécu une émotion forte, laissez-le se remettre seul dans son coin, ne cherchez pas à le réconforter par des câlins !

Ne risque-t-il pas de penser que je ne l'aime plus ?

Au contraire, votre chat se sentira mieux compris et aura encore plus d'affection pour vous ! Il saura qu'il peut être avec vous sans stress d'être touché tout le temps, il saura qu'il peut être manipulé quand il le faut et que ça n'est pas du harcèlement, bref il se sentira plus libre, plus respecté, il se gérera mieux émotionnellement, et sera alors plus à même de venir se lover contre vous et vous exprimer de la tendresse !

Je le porte ou pas ?

Oui, mais seulement s'il apprécie, et de la bonne manière ! Il faut savoir que des chats ne supportent pas du tout d'être portés… et n'accepteront peut-être jamais ! Si c'est le cas de votre félin, il faudra vous résoudre alors à des moments courts, mais ça ne veut pas dire que vous ne partagerez pas de beaux moments ensemble ! Pour habituer votre chat à « aimer » être porté, il faut dans un premier temps ne plus du tout chercher à le porter pendant plusieurs semaines. Puis essayez de le porter un très court moment, et reposez-le dès qu'il exprime le besoin de descendre, voire avant !

Certains chats acceptent d'être portés sur le dos comme des bébés, mais c'est assez rare. Cette position est extrêmement inconfortable et insécurisante pour eux, et cela peut amener à une réaction agressive.

Pour que tout se passe au mieux, tenez-le toujours à la verticale, bien collé contre vous, une main soutenant son postérieur et ses pattes arrière, l'autre maintenant ses pattes avant : votre chat doit se sentir parfaitement maintenu. De cette façon, il se sentira plus en sécurité et acceptera mieux d'être porté.

Chapitre 3

Do you speak chat ?

Votre chat communique avec vous de plein de manières possibles. Il utilise pour cela toute une panoplie de signaux, en passant des vocalises aux postures. Le problème, c'est que parfois on se méprend un peu sur la signification des signaux ! Or, savoir les décrypter permet d'éviter bien des conflits, des prises de tête et de mieux appréhender ses besoins.

Les miaulements

Si Monsieur Chat miaule, c'est qu'il doit avoir besoin de quelque chose, qu'il doit se sentir malheureux, qu'il s'ennuie, que vous lui manquez… Nous avons souvent tendance à interpréter chaque miaulement comme une demande de la part du chat. Or ce n'est pas toujours le cas !

Dans le petit dico chat…

- **Trille** (comme un petit roucoulement) = « *Hello !* »
- **Miaulement** = « *J'en ai marre… / Tralaliloula ! / Coucou ! / Je m'éclate ! / C'est quoi ce truc ?* »… Les miaulements peuvent autant exprimer des émotions que des états agréables ou désagréables.
- **Miaulement long** = en période de reproduction : « *Chériiiii… je suis prêt(e) !* » Mais ça peut aussi vouloir dire : « *Help !* » ou « *Viens jouer, allez !* » On est plus dans l'appel sexuel, ou dans la détresse, l'appel/l'invitation lancinante, même si certains utilisent aussi ce type de miaulement pour dire bonjour !

Et puis, il y a les autres vocalises, comme :

- **Grondements/grognements** = « *Ça commence à m'énerver… je te préviens, si tu insistes j't'explose !* » On assiste souvent à ça lorsque deux chats se rencontrent, ou encore quand vous lui donnez un médicament par exemple, et que bien sûr, ça l'énerve !

- **Feulements** = « *Pas un pas de plus ou je tire !* » Encore une fois, on peut entendre ces feulements quand des chats se confrontent ou, pour reprendre l'exemple du médicament, quand vous lui courez après pour l'attraper et qu'il se retrouve acculé.
- **Hurlements** = « *Lâche-moi ! AÏE ! Tu m'énerves !* » On entend ces hurlements quand deux chats (ou plus) se battent vraiment !
- **Caquetage** (sorte de petits claquements de dents) = « *Oh, celui-là je le croquerais bien mais… oh… je ne peux pas l'attraper ! Ça me rend dingue !* » On entend souvent ces caquetages quand le chat regarde un pigeon par la fenêtre, par exemple !

Qu'est-ce que ça veut dire ?

Votre chat communique pour échanger sur son état, pour demander de l'attention, de l'affection, pour se défendre, avertir, et il faut savoir qu'il s'exprime aussi parfois juste pour lui-même ! Un peu comme il vous arrive peut-être de vous parler à vous-même, de ronchonner ou de siffloter ; il n'attend pas forcément de réponse de votre part.

Help, il miaule tout le temps !

Le souci, c'est qu'en répondant systématiquement à tous ses miaulements, vous apprenez à votre chat qu'il peut ainsi obtenir quelque chose (une porte qui s'ouvre, un moment de jeu, une friandise, etc.), et il peut alors se mettre à réclamer sans cesse. Aussi, si vous voulez qu'il miaule moins, il faut tout simplement ne plus lui répondre, ou pas tout le temps ! Si votre chat miaule la nuit, par exemple, sachez que même s'il se prend un coussin sur la tête, ça reste pour lui une interaction… Il ne comprendra pas qu'il a fait trop de bruit, mais que son comportement a entraîné une réponse de votre part, qu'il a obtenu de l'attention… !

Votre chat vous réveille la nuit pour réclamer à manger ? Mettez-lui des croquettes à volonté, vous verrez qu'il cessera (cf. p. 61).

Le ronronnement

Le ronronnement induit souvent en erreur. Effectivement, nous interprétons les ronronnements comme le signe que le chat est heureux. Ça peut être très satisfaisant pour nous, mais aussi inquiétant quand le chat ne ronronne pas… on se dit que quelque chose cloche, qu'il est malheureux… Or le chat ne ronronne pas systématiquement pour exprimer son bien-être. En effet, le ronron émet des vibrations qui sont apaisantes pour le chat. Il lui arrive donc de ronronner pour calmer son mal-être, pour s'apaiser et soulager une douleur.

Par exemple, une chatte qui vient de mettre bas et qui ronronne sans arrêt ne le fait peut-être pas parce qu'elle est rassurée et contente que vous soyez auprès d'elle, mais parce que cela calme sa douleur.

Le langage du corps

Votre chat sait donner de la voix pour communiquer, mais pas seulement ! Comme nous, il sait très bien user de tout son corps ! Chaque partie est utilisée : oreilles, yeux (forme et pupilles), bouche, queue ! Autant d'éléments qui vous permettent de savoir un peu plus ce qui lui passe par la tête.

Attention, il n'y a pas UN signe pour UNE émotion. Par exemple, un chat qui menace n'a pas constamment la queue hérissée en forme de pont. Les oreilles en arrière peuvent signifier la peur comme la menace ou la colère. Aussi convient-il de lire l'ensemble des signes !

Quand tout va bien, votre chat a une attitude « neutre » : sa queue est souple, son poil est lisse, ses oreilles sont dressées vers l'avant, et ses pupilles ne sont ni trop fines ni trop dilatées. Son front est lisse.		
Quand votre chat est content, amical, on retrouve les mêmes signes que lorsqu'il est « neutre », et sa queue est dressée, un peu cassée sur l'arrière.		

Quand il est excité et a envie de jouer, sa queue est recourbée vers le dos, le poil hérissé. Il peut aussi avoir les pupilles dilatées !		
Quand il est irrité, agacé, sa queue bat plus ou moins fortement, le poil est lisse. Ses oreilles sont un peu en forme de cornes, semi-aplaties sur le côté. Ses pupilles seront plutôt fines, le front et le nez plissé. Il peut aussi gronder.		
Quand il a peur, il peut adopter en plus une posture de menace défensive, sa queue hérissée est recourbée vers le bas, il aplatit ses oreilles sur le côté ou vers l'arrière. Il a une posture plutôt basse, la tête comme rentrée en arrière. Parfois il peut aussi montrer les dents (et cela peut s'accompagner de feulements, de crachements) !	 Le chat aplatit aussi ses oreilles quand il bâille, il ne faut pas confondre !	 
Quand il veut passer à l'offensive, sa queue est hérissée, droite ou recourbée vers l'arrière en forme de pont. Il peut aussi avoir la tête en avant, et gronder, ou encore montrer les dents, bouche ouverte. Ses pupilles seront plutôt fines et ses vibrisses en avant.		

Et encore...

Le chat communique aussi par ses marquages (frottements, éliminations, griffades et position d'occupation) et par ses mordillements ou ses léchages (qui tendent à renforcer les liens affectifs).

> La taille des pupilles dépend aussi de la luminosité : elles seront plus fines lorsqu'il y a beaucoup de lumière et dilatées dans l'obscurité. Lorsque votre chat vous saute sur les chevilles, les yeux tout dilatés, il s'agit plutôt d'excitation, d'envie de jouer, de se défouler. Eh oui, un chat qui chasse une proie n'est pas excité et n'a pas peur... il sait très bien ce qu'il fait... !

FAQ : Ces petits comportements qui me laissent perplexe...

Certains comportements vous intriguent ? Vous ne savez pas si vous devez vous inquiéter ou vous réjouir ?

Pourquoi est-ce qu'il pétrit toujours le plaid ?

C'est normal. C'est un signe de bien-être, une réminiscence de sa période chaton où il pattonnait autour de la mamelle de sa mère pour activer la lactation.

Il tétouille parfois la couverture ou mon tee-shirt, j'ai peur qu'il avale trop de fibres... Dois-je l'arrêter ?

Il s'agit là encore d'un comportement de chaton, c'est pour lui un moment de bien-être. Il n'avalera pas de fibres au point de s'obstruer les intestins ! (Sauf si vous constatez un trou à l'endroit où il tète !)

Il tire sur ses griffes avec ses dents, comme s'il se rongeait les ongles ; est-ce qu'il est stressé ?

Pas de stress là-dedans, voilà encore un signe de bien-être, qui vient « compléter » sa toilette, son entretien.

Il a des soubresauts quand il dort, est-il en train de faire des cauchemars ? Dois-je le réveiller pour le rassurer ?

Peut-être est-ce un cauchemar, mais peut-être aussi un rêve ! En fait, le chat rêve à des plaisirs simples : chasser, jouer, bien manger… bref, il vaut mieux ne pas réveiller un chat qui dort, car son sommeil est primordial pour son bon équilibre !

Est-ce qu'ils jouent ou est-ce qu'ils se battent vraiment ?

Deux chats qui partent dans des roulés-boulés sans un bruit (ou presque) sont en train de jouer. Généralement les « vraies » bagarres sont plus bruyantes !

Il vient s'installer sur moi pour avoir des câlins, et quand je le caresse il me mord !

C'est ce que l'on appelle le « caressé-mordeur ». En fait, il vous mord car vous n'avez possiblement pas vu (ou pas compris) les petits signaux qu'il vous envoyait pour vous demander d'arrêter… Généralement les signaux suivent l'ordre suivant : il ronronne (ce n'est pas du plaisir, trompeur donc), ses oreilles pivotent un peu, sa queue bouge plus ou moins fort, puis il tourne légèrement la tête, il vous léchouille la main (encore trompeur !), puis il vous repousse un peu avec sa patte, parfois en se roulant sur le dos et en exposant son ventre doux (toujours trompeur ! on pense qu'il prend son pied !)… Mais ce sont des signaux pour vous dire stop ! Bien souvent on câline en étant absorbé par son film, et on ne fait pas toujours attention… Alors, au final, afin que son message passe bien, le chat finit par mordre !

Il faut savoir que le chat aime être tout près de son humain favori, sans forcément vouloir être touché ! Plus vous respecterez ces signaux, plus votre chat se sentira compris et respecté, bref, plus il se sentira bien.

Chapitre 4

Good at home

La base indispensable pour faire de votre petit minet le plus heureux et le plus épanoui, c'est en premier lieu de lui créer un intérieur feel good. Pas de bougie zen ni de déco trendy pour lui, mais plutôt un territoire bien structuré, bien aménagé, avec ses petits coins perso là où il faut, pour sa détente, ses activités…

On ne vous oublie pas pour autant ! Mis à part une ou deux petites contraintes, vous allez pouvoir vous concocter un intérieur cocooning et stylé, grâce à des cat accessoires de designers et des idées toutes simples ! Bref, le petit nid douillet qui colle à vos goûts et à ceux de Mister Chat.

Aristochat ou pas ?

Votre chat peut-il vraiment être heureux dans votre mini chez-vous ? Y a-t-il un minimum de mètres carrés à respecter ? Vaut-il mieux choisir « un chat d'appartement » ? On pense souvent qu'un chat de race est plutôt fait pour la vie en intérieur, tandis qu'un chat de gouttière (ou de maison) est fait pour la vie au grand air. Or il n'en est rien ! Tout va dépendre de son caractère, de l'environnement dans lequel il a grandi, de l'aménagement intérieur… Et encore, il n'est pas rare de voir des chats ayant vécu à la campagne se plaire dans un appartement, ou ne souhaitant tout bonnement pas sortir de la maison ! (C'est que le confort a du bon !)

Certaines races auront cependant des caractères adaptés à votre mode de vie ; par exemple le persan ou le ragdoll sont réputés pour être plutôt calmes et tranquilles, et à l'aise dans un appartement. À l'inverse, le siamois est reconnu pour être un grand bavard, le bengal un grand énergique qui aura besoin de sortir ou de grimper partout (cela implique donc des aménagements, des contraintes). Attention donc à ce que ça ne vous cause pas de soucis avec des voisins trop pointilleux !

Pour autant, un chat dit calme n'en est pas moins un petit félin avec son caractère bien à lui, et même si le persan est plutôt calme, il aura quand même besoin de jouer ! Aussi, ne choisissez pas un chat juste pour sa robe, sa morphologie ou ses traits « techniques », chaque chat est différent et rien n'est jamais garanti !

J'organise notre petit cocon

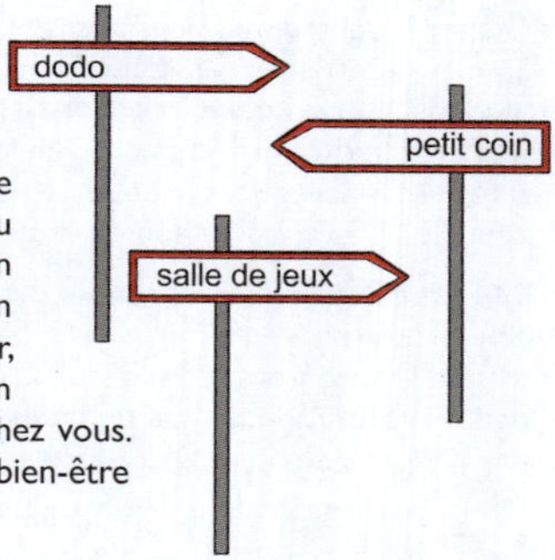

Si l'aménagement de votre intérieur est si important, c'est que votre chat a un petit côté maniaque. Vous n'aviez pas remarqué ? Et pourtant, il ne mélange pas les torchons et les serviettes. Finalement, un peu comme nous, votre chat compartimente son espace en fonction de ses besoins : un endroit pour éliminer, un endroit pour chasser ou jouer, un endroit pour manger, un endroit pour se reposer… C'est pourquoi, pour son bien-être, il sera nécessaire de lui créer ces espaces chez vous. C'est parti pour un coaching d'aménagement intérieur bien-être pour vous deux !

Le petit coin intime de Mister Chat

Le moins glamour, le plus fondamental… et aussi le plus fatal pour votre déco : la litière. Attention, préparez-vous à faire un gros effort, car vous devrez la placer en évidence chez vous. Pas de tricherie ni d'artifices possibles. Courage, c'est le seul sacrifice à faire pour assurer à votre chat un esprit zen, et vous éviter des pipis malvenus !

Oubliez :

✗ Les bacs enfermés dans de jolis meubles
✗ Les bacs fermés, encore moins avec porte battante
✗ Les bacs disposés dans un endroit enclavé, avec peu de visibilité, ou au bout du couloir là où personne ne passe
✗ Les systèmes pour que le chat fasse ses besoins sur les toilettes (*Litter kwitter®*)
✗ Les litières parfumées et autres désodorisants

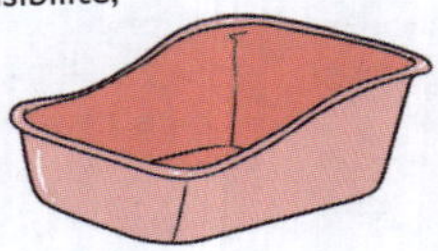

Optez pour :

✓ Un bac ouvert, le plus simple
✓ Un bac adapté à la taille du chat (un main coon par exemple, ou un ragdoll, aura besoin d'un grand bac !)
✓ Un bac situé dans un lieu de passage, avec de la visibilité
✓ Au moins 5 cm de substrat pour que le chat puisse bien gratter
✓ Une litière non parfumée

Pourquoi moi ?

« Ouvert ? Dans un lieu de passage ! Pourquoi cette punition ? » Ne vous désespérez pas tout de suite. C'est peut-être inesthétique, mais cela évite une calamité bien pire : qu'il fasse ses besoins ailleurs dans votre appartement ! Il est donc important de respecter ces règles, car elles répondent à deux besoins instinctifs du chat : voir autour de lui et marquer son territoire.

Pour déterminer le bon endroit où placer la litière, mettez-vous à sa place et imaginez quelles sont les voies de secours.

- Le chat a besoin de voir autour de lui lorsqu'il élimine, afin de pouvoir s'enfuir en cas de danger. Un bac fermé bloque sa vision, et ça le stresse ! C'est la même chose pour un bac disposé dans un endroit enclavé, comme une pièce petite ou reculée, où il pourrait se sentir piégé.
- Pour votre chat, l'élimination est aussi un marquage : son urine et ses excréments sont pleins d'odeurs et de phéromones, qui lui permettent de baliser son territoire. Aussi, si le bac est fermé et/ou dans un endroit peu accessible ou peu visible, son marquage reste invisible… Cela peut entraîner des soucis de malpropreté, car le chat voudra vraiment faire passer son message. Là encore, il s'agit pour lui d'une question de sécurité, car son marquage le rassure.

Pour que le bac s'intègre au mieux, choisissez une couleur qui colle à votre déco… c'est déjà ça de pris !

Et côté nettoyage ?

Concernant le marquage, la question du nettoyage de la litière est essentielle.

Quand faut-il changer la litière ? Il ne faut pas changer trop fréquemment le substrat : une fois par semaine seulement, et pour la silice, une fois toutes les deux ou trois semaines suffit. Avec la petite pelle, retirez les crottes une fois par jour maximum, et si vous avez de l'agglomérante, pour les pipis, une fois tous les deux jours maximum (tâchez aussi de toujours laisser une ou deux boules de pipi dans le bac).
Le principe c'est que le chat retrouve ses odeurs. Si le bac est trop souvent nettoyé, il n'aura plus ses odeurs rassurantes ni son marquage, ce qui l'incitera à déposer ses odeurs à des endroits qui vous plairont certainement moins…

Pour changer la litière en quelques secondes, placez au fond du bac un sac spécial litière garni d'un morceau de carton découpé aux bonnes dimensions.

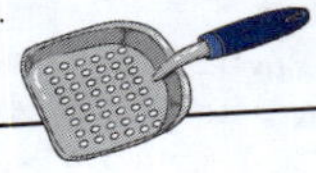

Quel nettoyant utiliser ? N'utilisez pas de produit d'entretien, à l'odeur agressive, lavez simplement le bac à l'eau chaude avec éventuellement du bicarbonate de soude.

FAQ

« Mon chat adore quand la litière est bien propre, il revient tout de suite faire ses petits besoins dedans dès que je l'ai changée ! »

→ En fait, votre chat vient aussitôt marquer à nouveau l'endroit !

« Il faut toujours mettre de la Javel dans le bac, les chats adorent ça, ça les attire ! »

→ Voilà une grande idée reçue… Les chats ne sont pas fans de Javel ! Certains chats s'en accommodent, mais un chat plus fragile émotionnellement, ou avec une capacité d'adaptation moindre, aura du mal à s'y faire ! Cela l'éloignera de l'endroit pendant quelque temps, histoire que l'odeur s'évapore un peu… avant qu'il revienne y déposer son urine (odeur si agréable pour lui !).

La bonne litière écolo ?

- La litière végétale en copeaux de bois est celle qui nous vient tout de suite à l'esprit quand on parle d'écologie. Choisissez-la portant le label NF Environnement, qui garantit de bonnes performances, doublées d'un processus de fabrication ecofriendly. Mais sachez que certains chats n'apprécient pas les copeaux de bois, qui ont tendance à coller sous les pattes.
- Les litières en papier recyclé nécessitent parfois un processus chimique pour retirer l'encre du papier… Peut-être pas si écolo, finalement.
- Quant aux litières de céréales, plusieurs chercheurs s'accordent à dire qu'il est préférable de laisser les céréales à l'alimentation humaine plutôt qu'aux déjections animales. Ça se tient !
- Les autres litières minérales (argile, silice) sont naturelles elles aussi, mais non biodégradables. Cependant, minérale ou silice, elles sont plus écolo qu'il n'y paraît. Par exemple, comme la silice dure longtemps, on en utilise moins ! Plus la qualité sera là, avec de bonnes capacités d'absorption des urines (et des odeurs), moins vous devrez la changer.

Le conseil de pro
La litière végétale Octave, ou encore la litière écologique Nature +, sur le site Lafermedesanimaux.com sont deux marques qui portent justement ce label NF Environnement !

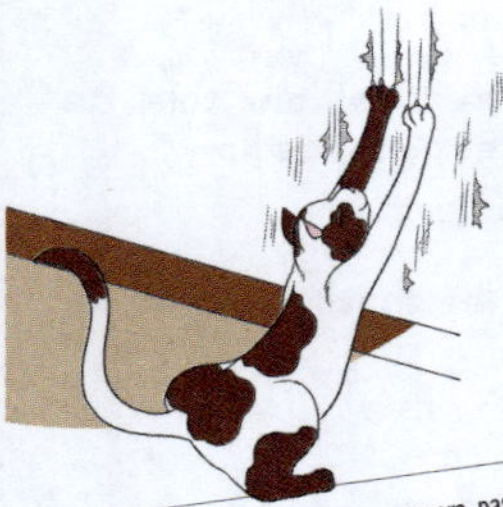

Au réveil, votre chat ne manquera pas de bien griffer : c'est une habitude courante et on pourrait l'apparenter à un « *Bonjour, je suis là !* »

L'espace où Monsieur prend ses aises… et ses griffes !

Cet espace-là… c'est un peu tout l'espace. C'est pourquoi les griffoirs sont très importants. « Faire ses griffes », pour le chat, n'a pas juste une fonction de détente ou d'entretien, c'est aussi un mode de marquage. C'est pourquoi il est indispensable de lui fournir suffisamment de griffoirs pour qu'il puisse marquer son territoire à sa guise (sans utiliser votre canapé !). Mettez-en un dans chaque pièce, n'hésitez pas ! Certains chats préfèrent griffer à l'horizontale, d'autres à la verticale. Certains préfèrent le sisal, d'autres le carton. Certains encore utilisent tout ! Si vous ne savez pas encore quel mode il préfère, proposez-lui les deux !

Où les disposer ?

Il est aussi important, comme pour la litière, que les griffoirs ne soient pas cachés dans des recoins : comme il s'agit d'un marquage, votre chat a besoin là aussi que ses messages soient vus ! Généralement, le chat va griffer près des portes, dans la « circulation », dans le « passage » emprunté régulièrement ; cela peut être directement les embrasures de portes, ou encore l'accoudoir du canapé ou le meuble qui se trouve près de l'entrée d'une pièce, le sommier du lit (côté porte généralement). Quoi qu'il en soit, votre chat va choisir des endroits stratégiques pour lui ; en plaçant ses marquages sur ces zones, il est sûr d'être vu, entendu, et senti, et il se sent alors plus en sécurité ! Disposez donc les griffoirs à ces emplacements.

Quel style de griffoir ?

- **Le griffoir poteau en sisal** (prévoyez un poteau suffisamment haut et large pour que votre chat puisse bien s'étendre) **ou le griffoir plat en carton** (ne le prenez pas trop étroit, il faut que votre chat puisse griffer confortablement) peuvent être disposés n'importe où. Si vous n'avez pas envie d'investir, vous pouvez aussi utiliser une chute de jonc de mer ou de moquette, ou carrément un tronc d'arbre. Pour faire d'une pierre deux coups, les paillassons peuvent aussi servir aux chats !
- **Le griffoir d'angle :** posez-le aux angles de murs ou en paravent à l'accoudoir du canapé, par exemple.
- **Le griffoir mural :** placez-le sur les zones où vous l'aurez éventuellement déjà aperçu en train de griffer.

Des modèles simples et qui marchent, c'est sur les sites Zooplus.fr et Wanimo.com. Et pour des griffoirs plus design, faites un tour sur PreppyPetsdeparis.com. Plutôt manuelle et créative ? Bérangère, du blog Lalistedesjolieschoses.com vous propose un DIY.

Le petit coin resto

Le coin brunch ne doit pas se trouver près de la litière. Non pas que Monsieur soit fine bouche, mais c'est par souci d'organisation de son territoire. Ainsi, placez les croquettes et l'eau de préférence dans une autre pièce, ou au moins à l'opposé du bac à litière. Et si vous avez plusieurs chats, dispersez deux spots de croquettes et d'eau dans la maison (ça évite de potentielles tensions entre eux !).

Évitez :

- Les gamelles mixtes (deux bols dans le même dispositif) : l'eau est plus vite détériorée par les croquettes qui peuvent tomber dedans.
- Les distributeurs automatiques, qui délivrent une quantité de croquettes toutes les 4, 6 ou 8 heures, c'est le meilleur moyen d'avoir un chat qui passe sa vie devant l'objet en attendant le moment fatidique !

Préférez :

- Un distributeur ludique, qui fera « travailler » votre chat pour attraper ses croquettes.
- Une fontaine à eau, où l'eau est sans cesse renouvelée ; les chats préfèrent l'eau fraîchement oxygénée.
- Plusieurs bols d'eau disposés un peu partout dans la maison, que vous changez de place de temps en temps, ça le stimulera et l'incitera à boire davantage !

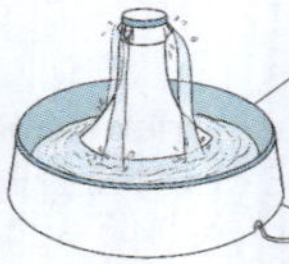

Help, mon chat ne veut boire qu'au robinet !
Si vous n'en pouvez plus de devoir lui ouvrir le robinet, offrez-lui une fontaine à eau, généralement ils adorent ! Vous pouvez aussi lui mettre un bol d'eau dans l'évier, le lavabo, le bac à douche ou la baignoire, et ne plus répondre à ses appels incessants !

Les cachettes et spots en hauteur

Le chat conçoit son territoire en 3D, c'est-à-dire qu'il va exploiter toutes les hauteurs. Pour se sentir en sécurité dans son espace, votre chat a besoin de pouvoir se mettre à l'abri dans certaines circonstances : l'aspirateur fou, les invités dingues, le camion poubelle désaxé… Vous voyez ce que je veux dire ! (non ? quelle chance !). Il aime pouvoir se faufiler dans un petit coin, où il se sentira safe et tranquille. D'ailleurs, ça peut aussi être des spots où il aime siester !

Pour retirer les poils des vêtements, utilisez des brosses adhésives, frottez avec des gants en caoutchouc ou une brosse en tissu (style velours). Et pour le reste du ménage, le balai en silicone (idéal pour les tapis) ou un embout Dirt Devil® à fixer sur l'aspirateur.

Côté cachette...

Elles peuvent se trouver dans votre penderie ou dans votre tiroir (si si, certains chats savent tout à fait ouvrir les tiroirs !)... Et si vous en avez marre qu'il couvre de poils tous vos vêtements, alors, après avoir opté pour un système de sécurité enfant (dans tout bon magasin de bricolage), créez-lui des petits coins où il pourra se cacher et faire de beaux rêves (derrière le canapé, sous l'escalier, sous la table...), en lui ménageant une petite cabane, par exemple.

Sous la table ou dans un trou, dans un recoin, ne risque-t-il pas de se sentir acculé ?

C'est un peu paradoxal, certes, mais lorsqu'il est caché... le chat se sent comme dans un abri secret où personne ne le voit, ou personne ne vient l'embêter ! Évitez donc d'aller le titiller quand il est dans sa planquette.

Des idées cabanes

- Faite maison : carton retourné avec un trou (à customiser selon vos goûts !), un cabas (à motifs ethniques, pourquoi pas, pour la touche trendy) ; son sac de transport pour le côté éco.
- Achetée : une maisonnette griffoir ou un tipi moelleux pour le côté craquant et cocooning.
- Côté design : la K-Bane de Fitz'Good est simple et personnalisable, en plus elle servira de tanière pour votre chat et de tabouret ou table d'appoint pour vous ! En somme, un petit meuble multifonction, avec en prime le souci du détail et des belles matières. Autre marque, Meyou a créé des cocons super sympas, aux lignes épurées et graphiques, des boules en coton tissées sur lesquelles le chat peut aussi faire ses griffes ! Un deux-en-un ultra-moderne et douillet pour votre chat ET pour votre intérieur !
- DIY : le blog Yearn-Magazine.fr (article « Fabriquer une maison pour chat ») vous permet de réaliser une petite cabane avec trois fois rien : un pull et des cintres !

C'est vraiment utile, un arbre à chat ?

L'arbre à chat, en alliant griffoir et spot en hauteur, est idéal. Les chats en raffolent. Choisissez-le suffisamment haut (au moins 1,80 mètre) et placez-le si possible près de la fenêtre, afin que votre chat puisse observer l'extérieur en toute quiétude, et y dormir (avec vue sur l'horizon, quel luxe !). Veillez aussi à ce que les paliers soient bien répartis pour qu'il puisse grimper facilement, et à ce que la cabane soit de bonne dimension pour lui convenir à tout âge.

Les arbres à chat heurtent votre sens de la déco ? Comment vous en vouloir ? Qu'à cela ne tienne, choisissez un arbre à chat de designer, voire personnalisez-le en choisissant la couleur du tissu ou l'essence du bois, comme chez ChatPerche.fr.

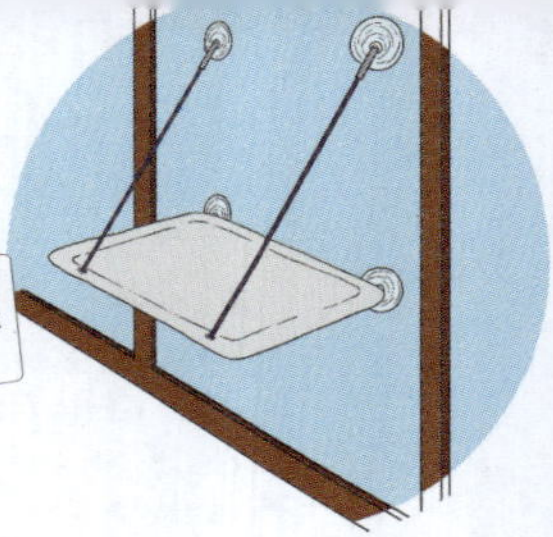

Sinon…

Votre chat a déjà des griffoirs, il ne lui manque plus que les hauteurs ? Remplacez l'arbre à chat par un tabouret de bar ou un hamac de fenêtre, qui se fixe avec des ventouses.

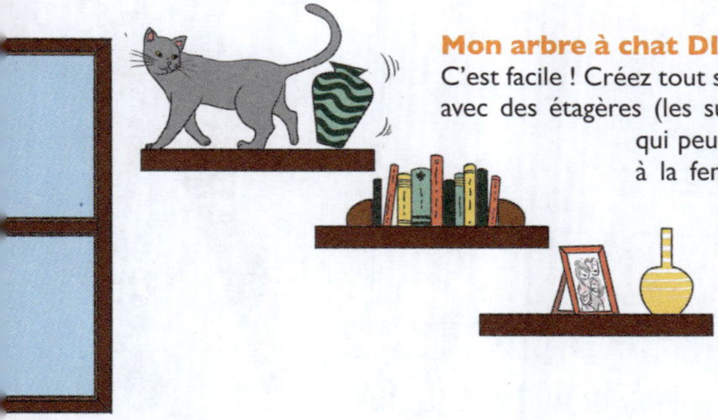

Mon arbre à chat DIY

C'est facile ! Créez tout simplement un chemin en hauteur avec des étagères (les suédoises fonctionnent très bien), qui peuvent aller par exemple du canapé à la fenêtre ou d'un autre meuble à la fenêtre ; le but est aussi de vous servir de votre mobilier existant !

Le coin dodo

Sur ce point… faites confiance à votre petit félin ! À la différence du chien, il n'est pas possible d'obliger un chat à dormir à un endroit précis, ni de lui sommer d'aller au panier ! Aussi, si vous craquez sur un coussin spécial, préparez-vous à ce qu'il ne le considère peut-être même pas ! Vous pourrez bien insister comme vous voulez, s'il ne veut pas, il n'ira pas ! Mais peut-être l'adorera-t-il aussi tout de suite, ou peut-être que ce coussin lui conviendra plus tard ! Eh oui, le chat suit ses besoins simples, il va là où il trouve son « bonheur » au moment présent. Sous votre couette, par terre, sur son hamac de fenêtre ou son arbre à chat, sur une de vos affaires, sur le canapé, dans sa cachette, sur une pile de livres…

Votre chat passe 16 heures par jour à dormir, en une vingtaine de petites siestes !

Tout le reste de la maison, c'est l'espace de chasse, de jeu ! Cette fois, votre minet est bien installé, quel pacha. Est-il heureux des changements et des sacrifices déco (bien compensés par des astuces stylées, tout de même) ?

....

....

....

....

....

L'aménagement spécial pour mon petit studio

Vous habitez en studio ? Ça ne sera pas plus compliqué ! Exploitez au maximum les hauteurs de votre petit chez-vous, ce sera presque comme si vous lui multipliiez la surface !

- Créez-lui un chemin en hauteur, près du plafond, qui fasse le tour de la pièce, grâce à des étagères cubes qui vous permettront en même temps de ranger vos affaires.
- Le hamac de fenêtre ne prend pas de place et il est facile à ranger quand vous recevez vos amis.
- Un tabouret en sisal vous servira pour recevoir vos amis, et servira à votre chat pour marquer.
- Évitez les distributeurs ludiques du genre balles ou tubes qui roulent… la nuit, c'est bruyant… Uncool !
- Disposez gamelle et litière à l'opposé.

Chapitre 5

Je booste la forme de mon chat

Pour un petit minet en pleine forme, un seul secret : lui offrir une vie bien remplie, variée, active qui lui permet d'être un vrai chat. Pour être pleinement satisfait et épanoui, il a donc besoin de laisser libre cours à ses instincts, notamment à travers la chasse… qui va de pair avec le jeu ! Quoi de mieux que de bons jouets et de bonnes parties de jeu (et de rigolades) avec vous pour stimuler ses réflexes de chasseur ? L'occasion de s'amuser ensemble, de partager et de renforcer votre complicité !

Votre chat passe environ 4 heures 30 par jour à marquer son territoire et à chasser/jouer.

Pourquoi le jeu est-il nécessaire ?

Jouer est essentiel pour votre chat. Ça lui fait faire de l'exercice physique mais aussi psychique ! C'est donc primordial pour le bon équilibre mental de votre petit compagnon. C'est un instinct qui a absolument besoin d'être assouvi, au risque de voir votre chat d'amour devenir totalement apathique et déprimé… En plus, le manque de stimulation va créer chez lui de la frustration, qui peut se répercuter en pipis malvenus, en griffades à outrance, et en agressions ! En fait, ce trop-plein de frustrations, il a besoin de l'évacuer à un moment donné… Et si vos gambettes passent dans le coin, hop !

Quel jouet pour lui ?

Les chats se lassent très vite, aussi rien ne sert de casser votre tirelire pour lui acheter mille jouets ; des basiques feront l'affaire, d'autant plus si vous y mettez de l'imagination et de l'entrain ! Qu'il soit à plumes, à grelots, phosphorescent, en sisal ou garni d'herbe à chat, chaque jouet va stimuler les sens de votre chat à sa manière. Mais comme chaque chat est différent, ils ont tous leur préférence ! À vous de trouver LE jouet qui fait craquer votre minet ! Et parfois, c'est un tout petit rien qui le rend dingue, comme un élastique à cheveux par exemple !

La cat wishlist

Pour le gâter, voici une liste d'idées pour amuser votre chat en toute simplicité, sans vous ruiner !

- souris (à plumes, en toile, fluo…)
- balles (à grelots, rebondissantes, lumineuses, de ping-pong…)
- bouchons de liège
- boules de papier froissé
- liens Cellotwist (vous savez, ces petites attaches de paquet de pain de mie !)
- marrons
- un jouet caché sous un journal ou sous un plaid, dont vous laissez dépasser les plumes
- une balle ou une friandise dans une boîte de mouchoirs vide
- tunnel (à bruissement ou non)
- grelots
- bassine avec un fond d'eau et un objet qui flotte
- carton retourné
- plumes
- épingles à linge

DIY balle pour chat

Découpez dans sa largeur un rouleau de papier toilette pour former des bandes de 0,5 cm environ, et assemblez-les en les passant les unes autour des autres de manière aléatoire pour former une balle. Le bonus ? En se défaisant, la balle pimente le jeu pour votre chat !

The jouet qui marche à tous les coups : le furet Silver Vine de Zooplus. Cette peluche à la bonne taille, molle, poilue et garnie d'herbe à chat (de feuilles de matatabi) lui permettra de bien se défouler et d'évacuer ses tensions.

Comment éviter qu'il se lasse trop vite ?

La bonne idée pour ne pas lasser votre chat est de constituer deux ou trois kits de jouets à faire tourner toutes les semaines, afin qu'il y trouve toujours de l'intérêt. Même principe avec un tunnel de jeu par exemple : laissez-le jouer avec quelques jours et rangez-le pendant deux semaines !

L'herbe à chat… une bonne idée ?

Il existe deux sortes d'herbe à chat : l'herbe dépurative (qui aide le chat à se purger s'il vomit des boules de poils, par exemple) et l'herbe euphorisante. Pour le jeu, c'est cette dernière, sorte de beuh pour chat, que l'on utilise. Il s'agit de la cataire (appelée aussi menthe à chat), de la valériane, de la matatabi ou encore de la germandrée des chats. Ces plantes ont un effet planant, voire hallucinogène sur le chat, et il va avoir tendance à se rouler dedans pendant 3 à 10 minutes comme un bienheureux ! Tous les chats n'y sont pas sensibles, mais lorsqu'ils le sont, voilà un moyen plutôt sympa (et économique) d'améliorer leur quotidien !

Comment l'utiliser ?

Achetez un pot d'herbe à chat sèche. Vous pourrez l'utiliser de plusieurs manières, notamment en dispersant une petite pincée de temps en temps, à même le sol ou sur le canapé, pour que votre chat vive un moment de transe agréable. Vous pourrez aussi, si vous êtes manuelle, fabriquer de petits jouets et les garnir avec l'herbe, ou recharger des jouets garnis qui auraient perdu de leur parfum enivrant !

Astuce
Pour réimprégner un jouet d'herbe à chat, enfermez-le avec une poignée d'herbe à chat dans un sac en plastique hermétique (comme un sac de congélation, par exemple), et laissez-le se réimprégner pendant 3 à 5 jours avant de le redonner à votre chat.

Let's play together !

Lui offrir des jouets, c'est bien. Jouer avec lui, c'est encore mieux ! Lorsque vous jouez avec votre chat, sachez que non seulement vous l'aidez à se dépenser, mais aussi que cette interaction permet d'intensifier les liens d'affection, de confiance et de complicité qui vous unissent ! Pas mal, non ?

Comment jouer avec lui ?

Avec une canne à chat : c'est le jouet idéal, et qui ne coûte rien, ou presque ! L'idée est de faire courir et bondir votre petit félin, en imaginant que ce truc au bout du fil est une vraie proie, c'est-à-dire avec ses moments d'agitation, d'immobilisation, de sauts d'un endroit à un autre et avec des moments où la proie essaie de se cacher… Il faut aussi bien sûr que votre chat attrape sa proie de temps en temps ! Tout un programme !

DIY canne à chat

Plus simple, ça n'existe pas ! Il suffit d'attacher une bonne longueur de fil élastique au bout d'une baguette et de fixer au bout du fil son jouet favori, ou des plumes, ou encore simplement un morceau de chatterton !
Retrouvez mon tuto pour fabriquer cette canne à chat en 2 minutes sur la chaîne YouTube *Absolument Chats* Le bonus ? Attachez au bout du fil un morceau de surimi ou de jambon… de quoi motiver votre chat ! Son instinct pourra être assouvi jusqu'au bout, car s'il le désire, il pourra manger sa proie !

Avec un laser : la plupart des chats adorent courir après ce point rouge (même s'ils le voient plutôt blanc !). Imaginez que ce point lumineux est une proie ! La seule chose importante, c'est de toujours terminer la séance de jeu avec un jouet que votre chat pourra vraiment attraper ; d'une part, il se sera bien défoulé à courir partout et, d'autre part, il ne finira pas sur la frustration de ne pas avoir attrapé quelque chose !

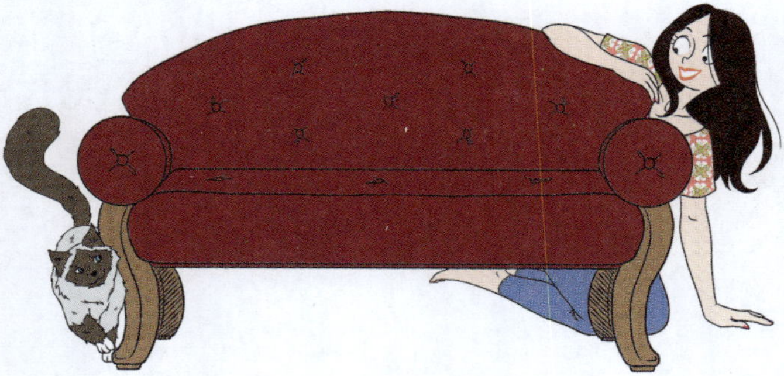

En jouant à cache-cache : certains chats adorent ça ! Le principe est simple : vous allez vous cacher… vous appelez votre chat… il vous retrouve (éventuellement vous laissez dépasser votre pied du rideau !)… alors vous partez vous cacher ailleurs, et ainsi de suite !

Sans les mains !

Ne jouez pas avec les mains ! Même si c'est mignon, voire rigolo quand c'est un chaton, ça le devient beaucoup moins quand ses dents deviennent plus « solides » ! Il ne faut jamais habituer votre chat à jouer avec les mains ou avec les pieds, il doit savoir que le corps n'est pas une proie !

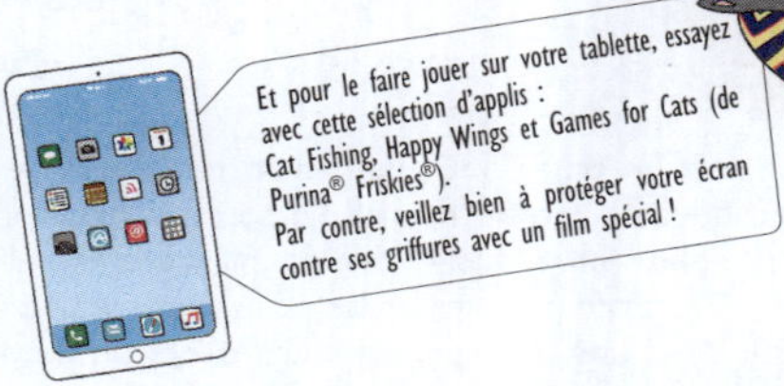

Je le stimule avec les distributeurs ludiques

Toutes les occasions sont bonnes pour l'occuper et pour stimuler son instinct de chasseur. L'idée de ces distributeurs ludiques, c'est que le chat doit « travailler » et cogiter pour récupérer ses croquettes. Et quand on sait qu'un chat fait environ 16 petits repas par jour, ça fait un bon exercice régulier !

Le conseil de pro

Le funboard de Cat Activity propose de multiples activités : attraper les croquettes dans de petits verres en plastique, cachées dans un tunnel, ou coincées entre des picots…

Plus simple, facile et rapide à remplir, peu encombrant, le modèle Tunnel Feeder de Cat Activity fait aussi un malheur.

Vous pouvez également ajouter une balle de jeu-distributeur, comme le modèle Egg-Cersizer chez Wanimo, ou le Pipolino (plus gros). Rangez bien ce jouet la nuit, car ça risque de vous réveiller !

DIY distributeur ludique
Pour fabriquer simplement un plateau de jeu, munissez-vous de rouleaux de papier toilette, d'un carton et de scotch ! Il suffit de fixer sur le carton les rouleaux coupés à différentes hauteurs, et c'est parti !

Et quand je ne suis pas là ?

Pour que votre petit compagnon passe une journée aussi riche que la vôtre, et qu'à votre retour, vous vous retrouviez dans la joie et sans pression, il est toujours bon de penser à deux ou trois petites choses pour stimuler votre chat en votre absence !

La télé

Programmez un timer pour que votre télé s'éteigne toute seule au bout de 3 ou 4 heures. Le son, pas trop fort non plus (on n'oublie pas de planquer la télécommande pour éviter les mauvaises surprises), une chaîne de reportages animaliers ou de dessins animés, et hop ! Entre l'image et le son, voilà de quoi stimuler un tantinet votre chat adoré ! Qu'il la regarde 5 ou 10 minutes (ou pas, d'ailleurs !), ce sera un super fond de vie pour animer ses journées !

La musique pour chat

Pour varier d'un jour à l'autre, offrez-lui un fond sonore musical ! Eh oui, le chat a une ouïe extrêmement développée, il capte les ultrasons jusqu'à 60 000 Hz (contre 20 000 Hz pour nous), il perçoit également 11 octaves là où nous n'en percevons que 9…
C'est sur ces constats que Charles T. Snowdon (expert en comportement animalier) et son équipe ont créé de la musique pour les chats. Le principe est de faire coller les notes aux fréquences émises par les vocalisations des chats, et d'y ajouter des sons susceptibles d'attirer leur attention (comme le bruit d'une tétée, d'un ronronnement, un piaillement d'oiseau…).

Le conseil de pro
Catsonics.com, le site de musique pour chats fondé par Stéphane Jambu, dispose de nombreuses playlists de 8 heures, où se mêlent musiques et pauses pour apaiser, surprendre, et stimuler chaque jour l'esprit de votre félin sans le lasser !

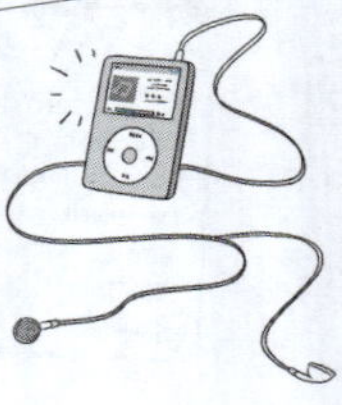

Mon chat est-il mélomane ? Quels sont les bienfaits de la musique pour chats ? L'avis de Stéphane Jambu, de Catsonics.

Les chats sont sensibles à la musique. Celle-ci leur permet de lutter contre le stress et leur offre un environnement rassurant et stimulant, en opposition avec le silence qui s'avère pesant à la longue, ainsi que certains environnements sonores anxiogènes. La musique pour chat apaise, détend et stimule le chat. Les professionnels et les particuliers qui ont utilisé notre offre musicale en avant-première constatent une amélioration du comportement de leur chat et pensionnaires : reprise d'appétit, amélioration de la sociabilité entre chats, comportement plus câlin, plus calme, ne cherchant plus à fuir…

Les musiques pour chats que l'on trouve gratuitement sur YouTube souffrent de deux grands défauts : le premier est qu'il ne s'agit pas de musique pour chats, mais de musiques de détente composées pour l'oreille humaine, qui ne respectent pas les préconisations de Charles T. Snowdon ; le second est que la qualité sonore ne permet pas de délivrer les fréquences adaptées aux oreilles des chats… Deux morceaux « humains » seulement, durant l'expérience de Charles Snowdon, ont capté l'attention des chats : « Air sur la corde » de Jean-Sébastien Bach, et « Élégie » de Gabriel Fauré.

Les petites surprises

L'astuce pour le stimuler en votre absence sans dépenser des fortunes ni laisser des appareils en marche ? Lui faire des surprises ! Cachez quelques friandises ici et là dans la maison, pour titiller son instinct de chasseur ! Les jours suivants, il est bien possible qu'il repasse là où il en a trouvé la veille. Pensez à laisser traîner des objets intrigants (autres que ses jouets).

Le top 4 des objets surprise

- un calendrier de l'Avent vide dans lequel vous aurez mis des friandises
- une balle à croquettes ou à friandises
- une boîte de mouchoirs vide avec un jouet à plumes dedans (ou une friandise)
- une chaise retournée au milieu de la pièce (eh oui, pour le chat, ce sera un nouvel élément à territorialiser ; il ne se dira pas : « *Tiens, mais que fait la chaise ainsi ?* » mais plutôt : « *Oh ? ! C'est quoi, ce nouveau truc ?* ». Vous pouvez aussi créer un parcours : une chaise retournée, suivie d'un tunnel, suivi d'un carton…

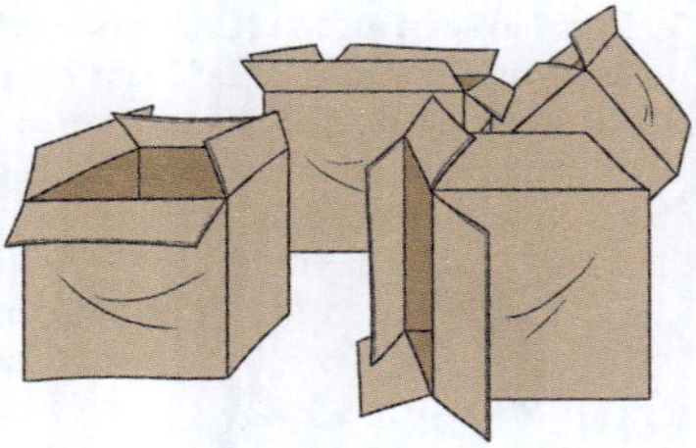

Interagir avec lui… à distance !

Que ce soit depuis le bureau ou ailleurs, vous allez pouvoir surveiller votre chat et le chouchouter, l'esprit tranquille ! Comment ? Grâce notamment à des caméras connectées, qui vous permettent de voir, d'entendre, de parler à votre chat, et même parfois de le faire jouer ! Quel plaisir de pouvoir interagir avec lui ! Même s'il n'a pas vraiment conscience que c'est vous derrière cet engin, il reconnaît néanmoins le son de votre voix et prend plutôt plaisir à accourir au bruit de l'allumage de la caméra, pour jouer ou découvrir une friandise ! Pour vous, c'est aussi un moyen d'être rassurée, et plus près de lui, même pendant les vacances !

Le conseil de pro
Pawbo est une caméra que vous pouvez contrôler depuis votre smartphone. Vous pouvez le voir, l'entendre, lui parler, mais aussi le faire jouer grâce à un laser télécommandé, et même lui délivrer des friandises. En bonus, vous pourrez le prendre en photo et partager sur les réseaux.

On sort !

Vous vous demandez parfois si ce serait bien d'aller promener votre chatounet au square juste en bas de chez vous ? C'est vrai que, d'un côté, cela lui permettrait de se changer les idées, de se dégourdir les pattes et de faire de nouvelles découvertes (d'être bien stimulé, en somme !). Sortir votre chat peut en effet lui faire du bien… mais seulement s'il y prend plaisir ! Si c'est une source de stress pour lui, mieux vaut éviter.

Mission impossible 7 : catwalk

Mauvais choix ?

Sortir son chat n'est pas évident. Si votre chat semble très à l'aise sur le palier dès que vous rentrez du travail, il n'est pas dit qu'il appréciera autant la sortie au grand air, avec le bruit des voitures, les cris des enfants (au square)… bref, l'agitation urbaine ! Du coup, ne culpabilisez pas. S'il a tout ce qu'il faut chez lui, il n'y a pas de raison qu'il soit malheureux. Si vous avez la chance d'avoir une cour intérieure sécurisée, alors là, c'est top ! Votre chat pourra sortir et explorer à son rythme, sans le stress de la ville agitée !

Et d'ailleurs, parfois, la petite sortie sur le palier suffit aussi à pimenter un peu son quotidien !

Bon choix ?

Maintenant, s'il ne craint pas l'extérieur, qu'il y prend goût même, préparez-vous à devoir le sortir souvent… tous les jours… car il réclamera certainement devant la porte à la même heure. Soit vous ignorerez ses demandes, soit vous irez le balader. Pas de bon ou de mauvais choix, il faut simplement vous préparer.

Comment l'habituer à la laisse ?

Autant vous prévenir : il n'adorera certainement pas la laisse tout de suite. Vous devrez procéder progressivement avant d'être à l'aise. Et si, malgré tous vos efforts et votre patience, ce n'est pas son truc, que ce soit la laisse, le harnais ou la rue, alors ne le forcez pas : ça veut dire qu'il est tout simplement bien et plus rassuré chez lui !

> Choisissez un harnais plutôt qu'un collier, qui sera plus confortable pour votre chat. Dans les premiers temps, prenez une laisse courte.

Mode d'emploi

1. Laissez traîner la laisse et le harnais par terre, en votre présence, pour que votre chat aille le renifler, mette ses odeurs dessus, bref qu'il en fasse un objet habituel.
2. Mettez-lui le harnais chaque jour pendant 1 heure (même s'il se débat avec au début, c'est juste qu'il n'est pas habitué !), toujours en votre présence.
3. Attachez la laisse au bout du harnais et faites quelques pas dans la maison, pour voir comment il se comporte.
4. Faites-le sortir sur le palier, et tentez éventuellement de lui faire descendre quelques marches.
5. S'il est à l'aise comme ça, alors allez de plus en plus loin, jusqu'à l'extérieur. S'il est tétanisé, ne le forcez pas. Rentrez chez vous et recommencez doucement le lendemain.

> Une friandise pour le récompenser sera toujours la bienvenue pour qu'il associe ce moment de promenade à quelque chose d'agréable, jusqu'à ce que la promenade elle-même soit le moment de plaisir !

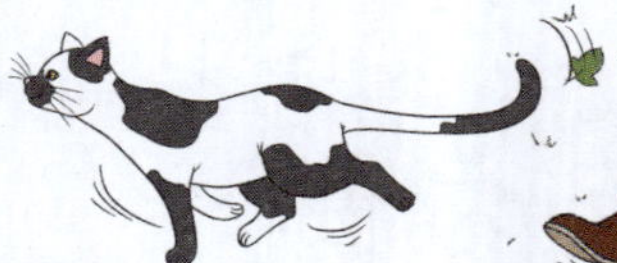

Chapitre 6

Je chouchoute mon petit chat !

Maintenant que vous lui avez offert un cocon idéal et riche en émotions stimulantes, il est temps de passer aux caresses, aux papouilles, aux câlins… parce que, avouons-le, on y est totalement addict ! Toujours avec modération, certes, apprenez désormais comment chouchouter votre petit félin grâce à des méthodes de massage, de reconnexion énergétique, des astuces phyto, santé, bref, tout pour prendre soin de son petit corps et nouer une relation privilégiée avec un minet super équilibré !

Les signes qui montrent qu'il est bien

Il fait sa toilette, il tire sur ses griffes avec ses dents (justement, c'est un bon signe !), il pétrit une couverture, il joue, son poil est brillant et soyeux, ses yeux sont propres (sans troisième paupière apparente), il se frotte contre vous ou contre son congénère dans un moment paisible, il ronronne…

Les signes qui montrent qu'il est stressé

Il a des pellicules, sa queue bat frénétiquement, ses pupilles sont dilatées (trop souvent même en pleine lumière), il fait du rolling skin (sorte de spasme avec un mouvement en vague, que l'on remarque surtout le long du dos), il transpire, il a une diarrhée soudaine, il se lèche excessivement l'épaule et/ou l'organe génital, ses oreilles sont en arrière ou il a les oreilles qui bougent beaucoup (on parle d'oreilles périscope), il ronronne non-stop…

Qu'est-ce qu'il se passe ?

Très sensible, votre chat peut réagir plus ou moins fortement à plein de choses : un changement de déco, vos changements d'humeur, une pièce qui lui devient interdite, le stress de ne pas avoir suffisamment à manger, le fait d'être puni, l'arrivée d'un nouveau congénère (ou d'un autre animal qu'il ne connaîtrait pas), un environnement trop bruyant ou au contraire sans vie, une litière mal gérée…

Et il ne faut jamais négliger un potentiel souci de santé. Si votre chat a soudainement un comportement inhabituel, n'hésitez jamais à consulter un vétérinaire !

SOS
Si vous ne comprenez pas votre chat, que vous êtes perdue, à bout, faites appel à un comportementaliste félin pour vous venir en aide. Plus tôt le problème est pris en compte, plus vite il se résout !

Massage relaxant pour chat

Quoi de mieux qu'un bon massage pour oublier ses tracas ? Si ça vous fait un bien fou, figurez-vous que ça marche aussi sur votre minet, et qu'il apprécie également ce moment de détente !

L'objet de la situation
Votre chat est un grand amateur de massage ? Il adore se frotter encore et encore ? Partout ? Il adore aussi le brossage ? Alors, la station de massage Senses de Catit Design va lui permettre de se masser la tête et les pattes quand vous n'êtes pas là.

Mode d'emploi

Choisissez toujours un moment où votre chat est calme (ne le réveillez pas !).

1. Pour le masser, faites de petits mouvements doux et circulaires du bout des doigts ou avec la paume de vos mains, sans jamais trop appuyer (laissez les grosses manip' aux professionnels !).
2. Vous pouvez commencer par masser d'abord les pattes (et les coussinets), puis les cuisses, les flancs, le ventre (seulement s'il apprécie !), le dos, et remontez encore progressivement vers le garrot, les épaules, et enfin vers sa tête (joues, menton, front). Bien sûr, vous pouvez aussi décider de commencer par la tête pour finir par les pattes.
3. Ne prolongez pas plus de 10 minutes, et s'il exprime le besoin de s'y soustraire, respectez ses désirs.

Le brossage est parfois autant apprécié qu'un bon massage !

J'apaise et je soigne mon chat avec les plantes

C'est un fait avéré, les plantes ont un impact sur le bien-être de nos animaux. Elles ont été testées sur nos petits compagnons avec des résultats très probants. Cela démontre aussi qu'il n'y a pas d'effet placebo là-dedans !

Il faut toutefois garder en tête que ces traitements viennent en supplément. Je m'explique : un chat en stress qui urine partout, par exemple, ne s'arrêtera pas grâce aux plantes (ni aux médicaments) si l'origine du stress n'est pas traitée. Les plantes ou médicaments vont apaiser le chat, mais ce n'est qu'en réglant les problèmes environnementaux et relationnels que le comportement de malpropreté cessera. Les plantes sont donc là en soutien, et permettent un rétablissement plus rapide.

Comment ça marche ?

Les médecines douces partent du principe qu'une maladie est la conséquence d'un déséquilibre intérieur ; l'organisme tente de s'adapter constamment à son environnement, et ce plus ou moins bien… La médecine douce est donc là en appui, puisqu'elle va aider le corps à s'adapter de la meilleure manière, en améliorant, en renforçant l'efficacité du système immunitaire ou neuroendocrinien, par exemple.

Phyto pour chat

La plus ancienne médecine du monde ! La phytothérapie est l'art de soigner avec les plantes. Le principe est le suivant : chaque plante (entière ou une partie : tige, feuille, racine) contient des molécules chimiques qui vont avoir une influence sur tel ou tel organe, ou sur l'organisme entier. C'est l'interaction de chaque substance contenue en chaque plante qui va rétablir l'équilibre intérieur et favoriser la guérison. Les plantes vont soutenir l'organisme de votre chat en aidant souvent le foie, les reins, le tube digestif… dans leur fonctionnement. Les plantes ont aussi un effet bénéfique sur le stress ! La phytothérapie existe sous forme de gélules, de tisanes, de décoctions, et on trouve également ces extraits de plantes prêts à l'emploi. Côté chats, les laboratoires vétérinaires travaillent pour proposer des compléments alimentaires phyto toujours plus faciles à donner à nos chats, notamment sous forme de comprimés appétents.

Comment donner un comprimé à votre chat ?

Le plus simple est de maintenir votre chat entre vos jambes, à même le sol. Maintenez sa tête d'une main en ouvrant sa mâchoire, et glissez le comprimé au fond de sa gueule. Puis refermez-lui la gueule et massez doucement sa gorge.

Il existe aussi des « lance-pilules », un peu comme une pince dans laquelle on met le comprimé, cela permet de déposer le cachet au fond de la gorge sans risquer de se faire mordre !

Comment donner de l'infusion à votre chat ?

Assez simplement, il faut pour cela vous munir d'une seringue graduée en plastique ! Laissez toujours bien refroidir la tisane avant de lui administrer.

> Attention ! Tout ce qui vous fait du bien n'aura pas le même effet sur votre chat. Certaines plantes peuvent être très toxiques pour lui ! Les doses ne seront pas les mêmes, notamment parce que le foie du chat ne fonctionne pas comme celui d'un humain. Pour mettre toutes les chances du côté de votre petit félin, prenez toujours l'avis d'un professionnel, en direct ou dans les ouvrages dédiés.

Je soigne la forme de mon chat avec l'aloe vera

Par le vétérinaire Céline Gastinel-Moussour (dans *B.a.-ba des plantes pour mon CHAT*, Le Pré du Plain, 2016).

Le gel d'aloe vera buvable est une solution simple lorsque le transit d'un chat devient paresseux, sans qu'il y ait de raisons inquiétantes bien sûr. L'aloe vera contient de nombreuses molécules qui font du bien, dont certaines ont des actions positives sur le système immunitaire.

> Intégrez 0,5 à 1 ml de gel d'aloe vera par jour dans la nourriture humide de votre chat, les choses rentrent souvent dans l'ordre.

L'aroma pour chat

Il s'agit du traitement par les huiles essentielles. Celles-ci contiennent des molécules, souvent très puissantes, qui agissent sur l'organisme à différents niveaux : certaines peuvent être une aide en cas de maladie infectieuse, d'autres ont une action sur les humeurs, et d'autres encore ont des effets sur le système immunitaire.

Pour les chats, on va utiliser les huiles essentielles en inhalation et diffusion directe dans l'air.

Comment faire une inhalation à son chat ?

1. Enfermez votre chat dans sa caisse de transport (il faut que celle-ci ait suffisamment d'ouvertures),
2. Mettez une grande serviette de toilette par-dessus,
3. Disposez un bol d'eau bouillante avec les gouttes d'huiles essentielles appropriées, sous la serviette, près de la caisse, mais inaccessible aux pattes agiles de votre chat !
4. Laissez votre chat respirer ces huiles pendant 15 minutes, pas plus.

Attention avec les huiles essentielles car la toxicité est réelle. Comme pour la phytothérapie, ne donnez pas à votre chat ce qui a marché pour vous ! Fiez-vous toujours à un spécialiste, à plus forte raison si les huiles essentielles doivent être avalées ou déposées sur la peau : faites-le toujours sous le contrôle du vétérinaire qui les propose.

J'apaise mon chat pendant les voyages avec les huiles essentielles
Par le vétérinaire Céline Gastinel-Moussour.

Ce mélange d'huiles essentielles crée une « ambiance rassurante ». L'idéal est de le préparer bien avant le jour de la perturbation (transport, déménagement, arrivée d'un congénère…). Ainsi, le chat associe cette odeur à la douceur de vivre, aux câlins, au bien-être, et lorsqu'il la retrouve dans sa caisse de transport, il se sent plus serein !

Dans 1 c. à c. d'alcool à 70 °C, faites couler 1 goutte d'huile essentielle de lavande (lavandin ou *Lavandula vera*), 1 goutte d'huile essentielle d'orange douce et 1 goutte d'huile essentielle de néroli.

À l'aide d'une compresse, appliquez le mélange sur les parois de la caisse de transport 10 minutes avant d'installer le chat à l'intérieur. Ainsi, l'alcool se sera évaporé et les parois ne seront pas grasses. Et, cerise sur le gâteau, c'est une bonne façon de faire de la caisse un endroit bien propre !

Les fleurs de Bach

Révélées par le Dr Edward Bach au début du XXe siècle, les fleurs de Bach sont des élixirs floraux qui viennent contrebalancer nos états d'esprit négatifs. En fait, l'idée mise en évidence par le Dr Bach est que certains de nos maux viennent de notre personnalité. Il a ainsi mis en lumière 38 fleurs correspondant chacune à un état négatif (humain, entendons-nous bien, tel que manque de confiance en soi, rancune…). Certaines fleurs ont été testées sur les animaux, avec des résultats excellents (ce qui a exclu l'effet placebo).

Quelle fleur choisir ?

- Contre le stress : Rescue (mélange de star of Bethlehem, rock rose (hélianthème), impatiens (impatience), clematis (clématite) et cherry plum (prunier myrobolan)
- Contre les fortes velléités territoriales : vine (vigne)
- Contre les peurs incontrôlées : aspen (tremble)
- Contre l'hyperactivité, avec tendance à libérer ses tensions de façon agressive : vervain (verveine)

Comment les administrer ?

- Mettez 4 gouttes (2 gouttes pour un chaton) dans l'eau de boisson, à changer tous les jours. L'effet sera très diffus, car le chat finit rarement son bol d'eau. Vous pouvez lui donner sous cette forme durant 1 ou 2 mois (ce qui est aussi le temps qu'il faut pour constater les changements).
- Vous pouvez également lui donner directement dans la gueule 2 à 4 gouttes, éventuellement diluées avec un peu d'eau minérale (que vous lui administrerez alors grâce à une pipette). À prendre jusqu'à 4 fois par jour, pendant 15 jours maximum !

Conservez toujours un deuxième bol d'eau normale pour que votre chat ne se déshydrate pas s'il refuse de toucher l'eau contenant les fleurs de Bach.

Si votre chat est intenable, mettez les gouttes autour de sa bouche, ou sur le bout de son nez, voire sur ses pattes : il les absorbera en se léchant.

Les médecines douces pour faire circuler l'énergie

Tout comme les massages et les plantes, les médecines douces : shiatsu, ostéopathie, reiki… montrent des effets très intéressants sur la santé et le bien-être des chats. Un point commun à ces médecines douces : rétablir l'équilibre de l'organisme en faisant circuler l'énergie, pour lui redonner ses pleines capacités !

L'ostéopathie, pour un organisme qui fonctionne bien

Par Justine Gautier, ostéopathe pour animaux et professeur au C-Nesoa, (Centre national des études supérieures d'ostéopathie animale).

L'ostéopathie, c'est quoi ?

L'ostéopathie est une médecine manuelle, douce, qui utilise les ressources présentes dans l'organisme pour lui permettre de retrouver un équilibre sain et de fonctionner de façon optimale. En enlevant les tensions, en rendant la mobilité à tous les tissus et à toutes les structures qui composent l'organisme, l'ostéopathe va pouvoir agir sur différents problèmes, tels que troubles articulaires, troubles viscéraux et aussi quelquefois sur le comportement des animaux qui agissent parfois sous le joug d'une douleur que nous ignorions… L'ostéopathie a également un effet bénéfique lors de la croissance de l'animal, afin que toutes les structures grandissent « bien assemblées ».

À quoi ça sert pour les chats ?

Les chats sont des patients encore rares ; étant très souples et agiles, ils se « bloquent » moins souvent que d'autres animaux. Pour les félins, l'ostéopathe intervient surtout sur des séquelles d'accident. Ceci dit, l'ostéopathie apporte un réel confort, notamment à la suite d'une opération, de troubles digestifs, pour harmoniser la croissance d'un chaton, lorsqu'une mise bas a été difficile, ou même lorsque l'âge commence à se faire sentir.

Le reiki, pour équilibrer son énergie

Par Émilie Dammé-Dumoulin, comportementaliste félin et praticienne reiki sur les animaux.

Le reiki, qu'est-ce que c'est ?

La pratique du reiki consiste à canaliser l'énergie qui nous entoure pour pallier un manque énergétique ou, au contraire, un trop-plein d'énergie (nœud énergétique). On peut définir cette énergie comme une énergie de vie, une énergie cosmique (ciel, terre, univers…), ou encore comme l'énergie originelle. Dotée de sagesse et de douceur, elle est source d'apaisement général. Elle aide à libérer les blocages et tensions émotionnelles et soutient ainsi le travail du comportementaliste appelé en cas de problème.

Le conseil de pro
La séance dure environ 30 minutes. Habituez votre chat dès petit à être manipulé (sans le harceler pour autant). Quand il vient demander des câlins, câlinez-le du bout du nez jusqu'au bout de la queue, en passant par le bout des pattes !

À quoi ça sert pour les chats ?

Nos chats sont sans doute une des espèces animales les plus sensibles au monde de l'invisible et du subtil. Ils se montrent très réceptifs lorsque l'on appose nos mains sur eux et, en réalité, le reiki les aide à réactiver leur capacité d'auto-apaisement.

Il ne s'agit évidemment pas d'un traitement médical. Pour autant, c'est un accompagnement doux et puissant à la fois.

Comment faire ?

1. Tout d'abord, il est important de respecter votre compagnon en vérifiant qu'il est d'accord pour recevoir l'aide du reiki. En confiance, il ouvrira d'autant mieux ses petits chakras pour accueillir le soin.
2. Concentrez votre volonté sur une des zones de votre compagnon en y apposant simplement votre main. Comme une caresse, mais la main est juste posée.
3. Envoyez de l'amour à votre chat ! « *Mais je le fais tous les jours !* » Probablement, mais faites-le *en conscience*. Concentrez-vous sur l'instant et sentez l'émotion d'amour vous traverser et envelopper votre compagnon.
4. Votre chat va se sentir submergé par cette émotion positive et il va savoir l'utiliser à bon escient sur lui-même. Vous lui ferez un bien fou et ce sera communicatif ! Vivre le moment présent transforme la teneur des vibrations que vous émettez, et donc le pouvoir des vibrations que vous lui offrez.

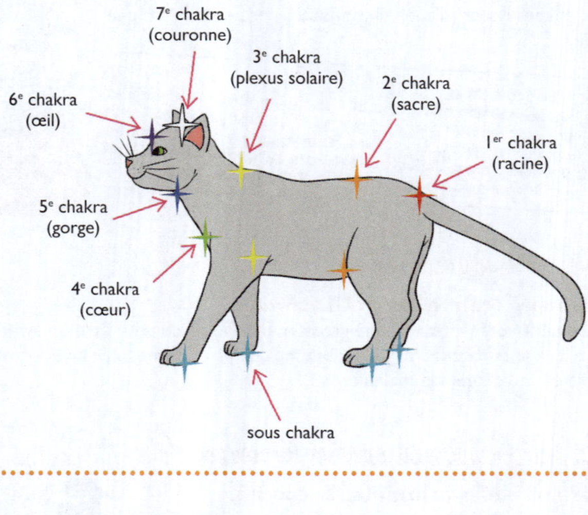

Je prends soin de sa santé

Pour que rien n'arrive à votre petit chat, il ne faut pas oublier de prendre soin de sa santé. Voici tous les conseils pour être attentive à lui sans angoisser.

Les visites chez le vétérinaire

Par le vétérinaire Manuel Daniel-Lacombe.

La visite annuelle

Elle sert à faire un check-up, à donner des conseils diététiques, à informer et prévenir. Des signes qui vous paraissent anodins peuvent alerter votre vétérinaire et lui permettre d'agir plus tôt et plus efficacement. La visite est aussi l'occasion de prévenir contre les parasites, car il y a des risques de zoonoses (maladies pouvant se transmettre à l'homme), même si votre chat ne sort pas : vous pouvez très bien rapporter les puces de la rue !

Le bilan de santé des 10 ans

Il sert à détecter (ou prévenir) des maladies que les chats développent assez souvent en vieillissant (diabète, insuffisance rénale ou hépatique, hyperthyroïdie).

Faut-il vacciner son chat ?
De nombreuses maladies infectieuses existent encore, et il vaut toujours mieux vaut prévenir que guérir. On regrette l'absence de vaccins pour les hommes, quand ils existent pour le chat, il serait dommage de ne pas l'en faire bénéficier. Le vaccin de base : coryza (sorte de rhume des chats, qui peut être mortel) et typhus. Si votre chat sort, vaccinez-le contre la leucose, le sida du chat, et si vous voyagez à l'étranger, vous devrez obligatoirement le vacciner contre la rage.

Comment repérer ses soucis de santé ?

Par le vétérinaire Manuel Daniel-Lacombe.

Pesez régulièrement votre chat, car une grosse perte de poids peut être un symptôme facile à constater. Mesurez aussi la quantité d'eau bue de temps en temps, car une augmentation peut également être un indicateur de maladie.

Comment le protéger contre les parasites (et moi avec) ?

Par le vétérinaire Manuel Daniel-Lacombe.

Si votre chat ne sort pas, traitez-le deux fois par an. Il existe aujourd'hui des pipettes qui font à la fois le traitement antipuces et le vermifuge. Pour un chat qui vit aussi dehors, appliquez le traitement tous les 3 mois !

Je le castre/stérilise ou pas ?

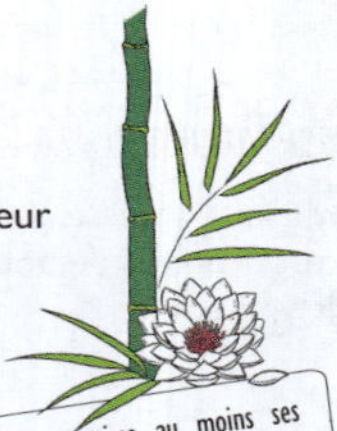

La stérilisation, pour les mâles comme pour les femelles, est le meilleur moyen de lutter contre les trop nombreux abandons qui ont lieu chaque année. Faire opérer son chat est donc un geste responsable. En plus, non seulement vous vous épargnerez quelques désagréments (comme les miaulements incessants et lancinants des chattes en chaleur, les marquages urinaires partout dans la maison, les fugues…), mais en plus vous préserverez la santé de votre petit félin : il ne sera pas tiraillé par des changements hormonaux, sera plus calme, et l'opération limite aussi les problèmes de tumeurs et infections de l'utérus, par exemple.

Faut-il que la chatte connaisse au moins ses premières chaleurs ou fasse une première portée avant d'être stérilisée ? Non, plusieurs études montrent qu'une chatte qui n'a jamais eu de chaleurs ou de portée n'en ressentira jamais le besoin ou l'envie.

À quel âge faut-il faire castrer/stériliser son chat ?

Pour un mâle, ce sera entre 5 et 6 mois, tandis que pour la femelle, ce sera entre 4 et 5 mois. Eh oui, les femelles sont généralement plus précoces que les mâles, et elles connaissent souvent leurs premières chaleurs lors de leur premier printemps. Aussi, autant leur éviter ce désagrément !

Des inconvénients ?

Le seul inconvénient notable est la petite prise de poids qui survient après l'opération… Mais si votre chat était régulé avant de se faire castrer/stériliser (c'est-à-dire qu'il avait déjà des croquettes à volonté), il n'y a aucune raison qu'il prenne plus de poids que ça !

L'identification pour ne pas perdre mon petit chat

Le tatouage ou la puce électronique permettent une identification rapide du chat.
En France, le tatouage tend à disparaître car la puce électronique est obligatoire dans plusieurs autres pays. Aussi, si vous voyagez à l'étranger, vous devrez pucer votre chat. L'avantage du tatouage est qu'il est visible immédiatement, mais il implique aussi une anesthésie générale, alors que la pose de la puce électronique, sous-cutanée, est très rapide et ne nécessite pas d'anesthésie. Un des avantages encore de la puce électronique, c'est qu'il est difficile de falsifier les données inscrites. Elle ne risque pas non plus de s'effacer avec le temps.

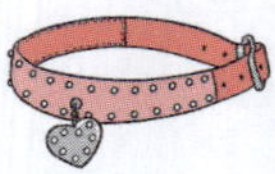

Ma trousse à pharmacie

Avoir une trousse à pharmacie dédiée aux soins de votre petit chat vous permettra de moins stresser en cas de bobo ! Vous n'aurez pas à courir partout, vous aurez tout sous la main pour agir vite et bien !

Prévoyez toujours d'avoir :

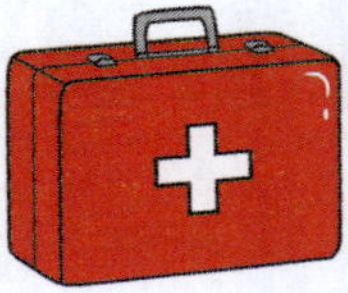

- ✓ le carnet de santé de votre chat à portée de main
- ✓ des bandages et gazes en cas de plaies ouvertes
- ✓ du sérum physiologique (pour nettoyer le nez, les yeux…)
- ✓ une petite seringue en plastique pour administrer certains médicaments
- ✓ un thermomètre pour prendre sa température
- ✓ des ciseaux à bouts arrondis pour couper un fil par exemple, une touffe de poils, sans le blesser s'il est trop agité
- ✓ un coupe-griffes pour lui épointer les griffes en toute facilité (cf. p. 71)
- ✓ du Kaopectate® ou Diarsanyl® (pour un pansement digestif) afin de lutter contre une diarrhée soudaine
- ✓ un désinfectant type Bétadine® ou eau oxygénée pour désinfecter une plaie

Chapitre 7

Chat foodista !

Un chat trendy est évidemment un foodist-chat ! Incontournable dans un lifestyle sain, une bonne alimentation donnera la pêche, la santé et l'allure à votre chat. Vous répondez à ses besoins de petit fauve, vous faites du bien à son organisme, sans oublier de le chouchouter avec quelques gourmandises et des petits plats maison que vous allez lui mitonner vous-même, dans les règles de l'art et avec tout votre amour !

Car même si aujourd'hui les industriels sont au fait des besoins nutritionnels de nos matous, et qu'ils tentent d'y répondre au mieux, il est nécessaire d'être attentive à la qualité de ce que vous lui donnez. Que ce soit en termes de croquettes, de pâtée ou de cuisine maison, ne laissez rien au hasard, pour un chat au top !

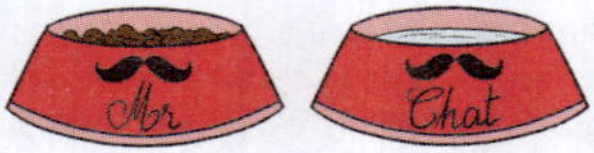

La cat alimentation

Le chat est un carnivore strict. Son régime repose donc principalement sur des aliments riches en protéines (qui vont lui apporter des acides aminés, notamment la taurine, essentielle au bon fonctionnement de son organisme). Mais il consomme aussi quelques végétaux. Par contre, on n'a jamais vu un chat se préparer un petit plat de boulgour dans la nature… On pourrait donc dire que le chat ne mange que de la viande (ou du poisson) et des légumes !

Le principe d'une bonne alimentation pour votre chat sera alors de privilégier les protéines, avec aussi quelques lipides (qui lui apporteront des acides gras), des fibres, des minéraux, vitamines, oligoéléments, et une part très minime de glucides (féculents).

Et côté boisson ?

Dans la nature, le chat boit assez peu, et il s'abreuve aussi du sang de ses proies. Mais à la maison, comment faire pour qu'il s'hydrate bien ? Tout d'abord, multipliez les points d'eau, et changez l'eau régulièrement (les chats préfèrent l'eau bien oxygénée !). Sinon vous pouvez opter pour une fontaine où l'eau est sans cesse renouvelée ! Enfin, n'hésitez pas à lui donner ne serait-ce qu'une fois par jour un peu d'aliments humides !

Gourmet ou pas ?

Comment changer leurs croquettes pour de meilleures s'ils sont accros aux leurs ? En ne leur proposant que les bonnes, sans céder !

Les chats n'ont pas un goût aussi développé que le nôtre, et ne sont pas de fins gourmets. Pour autant, ça ne les empêche pas d'avoir leurs goûts en la matière. Certains n'aiment pas le thon, d'autres n'aiment pas le poulet, d'autres encore raffolent de la compote, du yaourt, et parfois d'aliments improbables comme les grains de café ! Leurs goûts sont prédéterminés par l'alimentation qu'a reçue leur mère lors de la gestation, mais ils évoluent avec le temps ; aussi, un chaton qui adorait le fromage peut le repousser complètement une fois adulte. Quand ils aiment quelque chose, ils sont capables de refuser tout le reste.

Qu'est-ce que je mets dans sa gamelle ?

Croquettes, pâtée ou petits plats préparés, l'important est de lui donner des aliments de qualité. Comme le chat a besoin de faire de multiples petits repas par jour, les croquettes sont le moyen le plus simple pour gérer son alimentation au quotidien, surtout si vous travaillez toute la journée à l'extérieur ! Ceci étant, rien ne vous empêche de lui donner quelques à-côtés quand vous êtes là.

Les croquettes sans céréales

Les croquettes « sans céréales » sont plus riches en protéines et plus proches des besoins naturels du chat. Elles contiennent aussi des légumes, et tous

Le bon produit
La marque Ultra Premium Direct, par exemple, propose des croquettes de très bonne qualité, et même pour chats stérilisés, allégées en matière grasse ! En plus, elles sont françaises !

les nutriments nécessaires au bon fonctionnement de son organisme, et l'amidon est apporté par de la fécule de pomme de terre, à l'indice glycémique faible.

Combien j'en donne ? À volonté ! Ces croquettes comblent vraiment bien les besoins nutritionnels et non la gourmandise, du coup, votre chat mangera pour se nourrir et non pour se goinfrer ! Ce qui vous permettra de le gâter à côté… avec des gourmandises saines !

Si votre chat a des problèmes de reins, privilégiez des croquettes adaptées et misez davantage sur l'alimentation humide.

La pâtée pour bien l'hydrater

En tant qu'aliment humide, la pâtée offre un apport supérieur en eau à votre chat. Mais là encore, mieux vaut se focaliser sur des marques qui privilégient des ingrédients de qualité (viandes/poissons, légumes, nutriments) et qui ne boostent pas leurs recettes d'exhausteurs de goût et de céréales !

Combien j'en donne ? Un peu le matin et un peu le soir, c'est pas mal. Sinon, si votre chat boit bien, vous pouvez tout à fait lui donner un peu de pâtée une fois par jour, voire tous les deux jours, en gourmandise !

Le bon produit
Visez des marques telles que Pets Deli, Applaws, ou encore Cosma Nature, qui misent sur des ingrédients de qualité, sans additifs ni conservateurs ni colorants…

Les friandises, good or bad ?

Sans excès, c'est autorisé ! Tant que ce n'est pas tous les jours et en trop grande quantité. Elles sont même une bonne idée pour amener votre chat à se dépenser un peu : en cachant quelques croquettes et friandises de-ci de-là dans la maison, vous donnez à votre chat un jeu stimulant.

Combien j'en donne ? Avec modération ! C'est-à-dire pas douze à la fois et pas tous les jours ! Tant que le reste de l'alimentation est sain, équilibré et de qualité, les friandises peuvent provenir du supermarché, ce n'est pas grave ! Ce sera le cheat meal de votre chat !

Le BARF, quèsaco ?

Depuis une vingtaine d'années est arrivé un nouveau concept dans le monde de la nutrition animale : le BARF, *Biologically Appropriate Raw Food* (ou « nourriture crue biologiquement approriée »). Cela consiste en une alimentation uniquement à base de viande ou de poisson crus, partant du principe que le chat ne mange que des proies. Le débat reste ouvert : est-ce que c'est mieux ou pas pour le chat ? Sachant que dans la nature le chat se nourrit aussi de végétaux, et que son métabolisme a évolué… Le souci majeur du BARF repose sur l'équilibre… En effet, une étude allemande a montré que 74 % des régimes BARF étaient déséquilibrés, soit présentant une carence en nutriments, soit un excès (et un surdosage en vitamine A entraîne des problèmes osseux, par exemple).

Quelles sont les précautions à prendre ?

C'est donc une alimentation qui ne se choisit pas à la légère ! Cela requiert une grande implication pour que votre chat ait bien tout ce dont il a besoin pour être en forme : il faut bien choisir les ingrédients, les bonnes pesées, savoir gérer les stocks et évidemment respecter la fraîcheur des aliments !

Le bon produit
Thrive propose des friandises 100 % protéines, 100 % naturelles : des morceaux de poulet, foie, thon ou crevettes, lyophilisés, à donner tels quels à votre chat, ou à émietter sur sa nourriture pour la rendre plus gourmande (afin de prendre un médicament, par exemple !).

Je lui mitonne des petits plats home made !

Cuisiner de succulents petits plats à son chat d'amour, vous en rêvez ! Lui composer une assiette saine, jolie et gourmande… Mmm ! Seulement voilà, ce n'est pas aussi simple qu'il y paraît. Le chat a besoin d'une large palette de nutriments pour être en forme, et certains d'entre eux sont absents de notre cuisine habituelle. Aussi, pour assurer l'équilibre de vos bons petits plats faits maison, il est nécessaire d'ajouter à vos ingrédients de base un complément alimentaire essentiel.

L'incontournable
Le « Vit'i5 Little Ca : P = 3 » un complément alimentaire qui contient tous les minéraux (calcium, phosphore…), oligoéléments (cuivre, zinc, sélénium, manganèse…) et vitamines (A, D, E, B1, B2, B5, B6, B12…), bref, c'est LE + à avoir si voulez un chat en bonne santé. En plus, c'est sans conservateur ni colorant, ni arôme ajouté.

Les petites recettes pour Mister Chat

Fish & cat

Pour 1 chat de 4 kg ou plus, castré
Mixez 160 g de colin poché ou de queues de crevettes décortiquées cuites et ajoutez-y 7,5 ml d'huile de colza (non cuite !). Faites bien cuire 5 g de riz (poids sec) et 50 g de légumes (courgettes, carottes, haricots verts, brocolis, au choix ou mélangés !) que vous mixerez grossièrement. Ajoutez le tout à la première préparation et additionnez enfin de 4 g de Vit'i5 Little Ca : P = 3. Confectionnez alors de petites boulettes et servez !
Pour une version minceur, retirez le riz de la liste des ingrédients. Vous pouvez congeler les boulettes pour les servir plus tard, mais ne les décongelez pas au micro-ondes, laissez-les plutôt se décongeler naturellement au réfrigérateur.

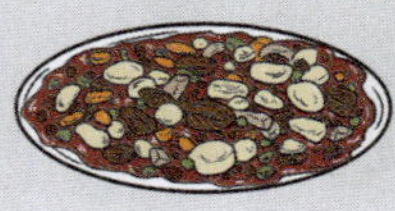

Yummy kitten

Pour 1 chaton
Mélangez 120 g de poulet ou de bœuf (à 5 % de MG) avec 7,5 ml d'huile de colza (non cuite !). Faites cuire longtemps 5 g de riz (poids sec) ainsi que 25 g de légumes (ils doivent être bien cuits). Mixez rapidement le tout et ajoutez 4 g de Vit'i5 Little Ca : P = 3. Formez alors de petites boulettes. Vous pouvez les congeler pour les servir plus tard, mais comme pour la recette de la mer… ne les décongelez pas au micro-ondes, mais naturellement au réfrigérateur.

Vous pouvez aussi lui offrir un petit resto, avec des plats cuisinés sains et gourmets du Dr Food-Little *« Le bonheur est dans la gamelle »*, élaborés avec amour et soin par le vétérinaire Erwan Spengler. À offrir 3 ou 4 fois par semaine ou parfait pour une grande occasion ! Et pour le quotidien, rien de plus facile, il suffit d'ajouter une dose de Vit'i5 Little Ca : P = 3.

Je fais attention à sa ligne

Un chat bien dans ses pattes, c'est aussi un chat bien dans son corps. Et pour que votre minet conserve toute son allure féline, il est d'abord important de bannir un mot de votre vocabulaire : régime.
Le régime n'est bon pour personne, et certainement pas pour lui ! Mais comment faire, alors ? Tout simplement en suivant ces 4 règles : À volonté + Sans céréales + Distributeur ludique + Courgette (ou haricots).

Comment savoir si mon chat mange trop ?

.... (poids du paquet en grammes)

÷................. (durée du paquet en jours)

= .... grammes/ jour

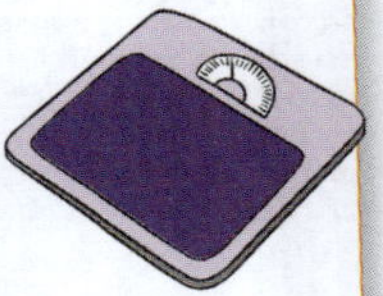

Un chat d'intérieur nourri à volonté qui garde la ligne mange entre 50 g et 70 g par jour.

Zéro frustration !

La solution minceur : les croquettes à volonté. Oui, l'idée fait peur. Vous imaginez déjà votre chat obèse ? Cela semble paradoxal, et pourtant…

Le chat fait environ 16 petits repas par jour, il a un petit estomac qui n'est pas fait pour accueillir de trop grosses quantités de nourriture. Si vous cantonnez les repas au matin et au soir, par exemple, votre chat craint de manquer, ce qui le stresse et le pousse à réclamer beaucoup, voire à vous réveiller la nuit ou au petit jour, à voler, ouvrir les placards ou vandaliser la poubelle… Bref, il est intenable, dans l'attente perpétuelle du prochain repas… sur lequel il se jette comme un goinfre ! Le chat nourri en fractionné est obsédé par la nourriture, il stocke… et fait des réserves… Ce n'est pas bon pour lui. À l'inverse, un chat nourri à volonté sait qu'il a toujours de quoi combler ses creux et entretient alors un rapport tranquille avec la nourriture. Les chats se régulent très bien eux-mêmes !

Une alimentation mal gérée peut causer des pics d'agressivité, des soucis de malpropreté, des automutilations, des miaulements et grattages intempestifs…

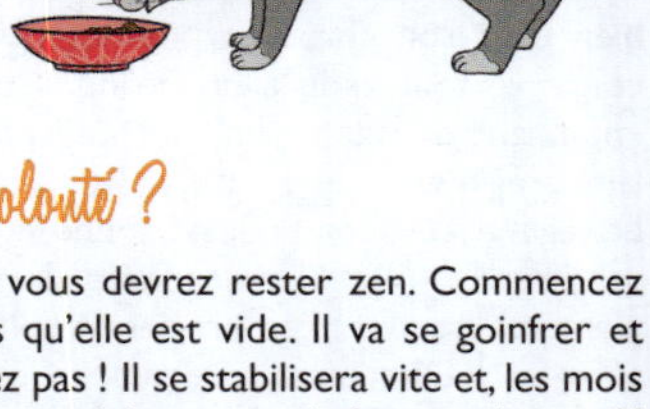

Comment passer à un régime à volonté ?

Pour passer à un régime à volonté, vous devrez rester zen. Commencez quand vous le souhaitez, en garnissant sa gamelle dès qu'elle est vide. Il va se goinfrer et prendre un peu de poids au départ. Surtout, ne paniquez pas ! Il se stabilisera vite et, les mois passant, il perdra ses kilos (ou plutôt ses grammes) en trop ! Attention, il n'est pas bon qu'il maigrisse trop brutalement : 1 kg pour un chat correspond à 16 kg pour un homme !

C'est bien de jouer avec la nourriture

Une des clés pour limiter la prise de poids (d'autant plus si vous nourrissiez *jadis* votre chat 2 fois par jour et décidez de passer au service *ad libitum*), c'est le distributeur ludique. L'idée est simple : le chat doit « travailler » pour récupérer sa pitance (en passant sa patte dans un tunnel, en faisant remonter la croquette le long d'un verre, etc.). Donc, non seulement il va être stimulé (au moins 16 fois par jour !), mais en plus il va ingurgiter ses croquettes une par une plutôt que cinq par cinq ! Ainsi, il mange moins vite, et moins !

No céréales !

Les croquettes classiques contiennent des céréales… donc des glucides (du sucre, quoi !). Elles suscitent ainsi la gourmandise du chat sans combler spécialement ses vrais besoins. À l'inverse, les croquettes sans céréales correspondent vraiment aux besoins nutritionnels du chat, qui ne va pas alors manger plus que de raison ! Les gamelles de croquettes classiques aux céréales se vident trois fois plus vite que celles qui contiennent des croquettes sans céréales. CQFD !

L'astuce magique : les courgettes

À ce trio déjà gagnant, vous pouvez ajouter une 4e astuce simple pour limiter encore la prise de poids : les courgettes ! Simplement coupées en morceaux et cuites à l'eau, elles rempliront l'estomac de votre chat, qui mangera alors moins de croquettes et gagnera une meilleure hydratation. Tout bon !

Pour gagner du temps et/ou faire aimer les courgettes à votre chat

Coupez les courgettes de la taille de croquettes et mettez-les dans un bac à glaçons. Puis ajoutez par-dessus un peu de jus de thon. Hop, au congélateur ! Chaque matin, décongelez un cube, 30 secondes au micro-ondes (ça suffit pour les cuire). Progressivement, vous pourrez passer à deux cubes, puis trois, puis ajouter des courgettes sans le thon, ainsi de suite ! Soyez patiente, car certains chats ne sont pas fans, mais si vous le faites chaque matin avec assiduité, votre chat finira par s'habituer.

Astuce magique numéro 2 : ça fonctionne aussi avec les haricots verts !

Chapitre 8

Fashionist-chat

Vous admirez tellement votre chat que vous voulez en faire le plus beau des chats. Il faut se l'avouer, c'est davantage pour vous faire plaisir qu'à lui, mais c'est tellement dur de résister ! Bon, avoir un chat stylé est autorisé, tant qu'on reste dans le bon goût félin.

Les cat fashion-faux pas

Question mode féline, on adopte le minimalisme. Vêtements, grelots ou tatouages, c'est out ! Sa grâce naturelle est sa plus belle parure.

Faux pas n° 1 : l'habiller

Ok, ce petit chat déguisé en pirate était à mourir de rire. Mais, en fait, ce n'est pas aussi drôle du point de vue de votre chat. Bannissez les chaussons, chapeaux et lunettes de soleil, inutiles, encombrants, voire dangereux. En effet, il y a de quoi perdre ses repères, son équilibre et être bien stressé, sans compter qu'avec des chaussons, il peut facilement chuter.

Faux pas n° 2 : lui mettre un grelot

Outre la préservation de la dignité (de l'honneur, pourrait-on dire !), le grelot au bout du collier n'est pas le bienvenu non plus : pas très agréable d'avoir un *gling gling* non stop qui tinte aux oreilles sensibles… Non seulement c'est désagréable, mais c'est aussi perturbant pour un chasseur dans l'âme que d'être systématiquement démasqué ! Sans compter que ce tintement incessant déclenché par le moindre mouvement a de quoi rendre dingue !

Pour s'amuser quand même…
Si vous craquez, pour vous amuser sans ennuyer votre petit chat, l'appli Crazy Cat Salon vous permet de customiser votre chat virtuel. On le maquille, on le tatoue ou on le déguise… Ultra girly (et régressif) ! *Idem* avec Talking Angela (la version nana de Tom, le chat qui parle), où vous pourrez même, en gagnant des niveaux, lui mettre une perruque. C'est pour dire !

Un look qui a du félin

Le style de votre chat… c'est sa classe féline. Mais si vous souhaitez un chat vraiment looké, il existe deux règles à respecter : laisser votre chat au naturel, et apporter une petite touche fashion grâce à un accessoire.

Restez raisonnable sur les accessoires : il s'agit d'allier l'utile à l'agréable. N'en profitez pas pour transformer votre chat en arbre de Noël !

Les cat-boutiques fashion
Élégance, qualité et sobriété, ce sont les colliers que confectionne Léautaud, « l'authentique collier pour chat ». Mais si vous préférez un peu plus de fantaisie, de strass, de paillettes, alors courez surfer sur le site Luxetoutou.com (si si, il y en a plein pour nos félins aussi !). Autre option ? La boutique Moustaches, au 32, rue des Archives, 75004 Paris.

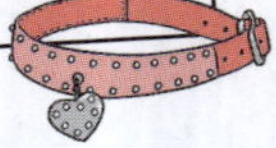

Le collier

En plus d'éviter que votre chat ne se perde, grâce à la possibilité d'y glisser votre adresse et votre numéro de téléphone, le collier looke votre chat. Cuir ou Nylon tressé, colorblock, uni ou à motifs (félin, why not), vous trouverez à coup sûr le modèle qui colle à la personnalité de votre chat. Choisissez-le toujours ajustable (il faut au moins pouvoir passer deux doigts entre le cou de votre chat et le collier) et avec un système anti-étranglement : si votre chat se coince quelque part, le collier se détachera de lui-même et votre chat ne risquera pas de s'étrangler !

La médaille gravée

Très pratique si votre chat sort notamment… et se perd. Les infos pour vous retrouver sont lisibles sans nécessiter l'intervention d'un vétérinaire pour lire sa puce électronique. La médaille, contrairement au grelot, ne perturbera pas son ouïe.

Une médaille personnalisée et originale, c'est sur le site de La Boutique à Pierrot, qui propose une quantité folle de modèles ! De quoi trouver THE médaille qui collera à votre chat d'amour !

La note trendy ? Le noeud pap' et la cravate !

En mode hipster, votre chat se met sur son trente-et-un pour toute occasion !

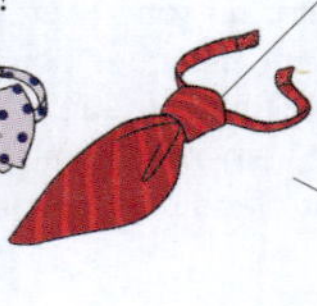

L'incontournable
Le nœud pap' de référence, c'est celui de la marque Cat in Berlin, qui propose aussi des petites cravates et de petits bandanas (toujours en mode collier).

Cat beauty

L'indispensable pour un chat sublime consiste aussi à entretenir et à sublimer sa beauté naturelle. Que ce soit nettoyage ou soin de son pelage, vous allez être au poil.

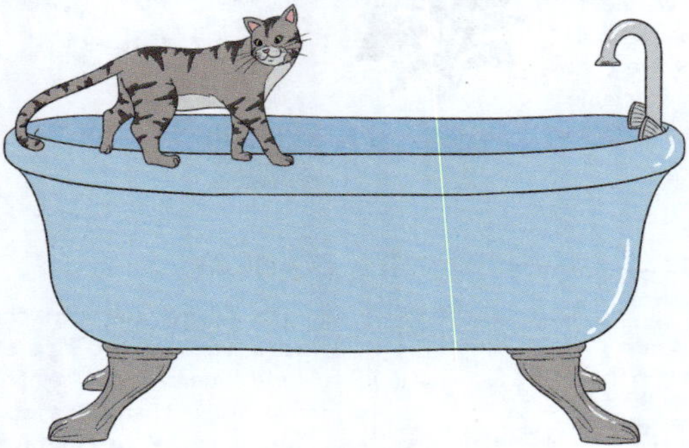

To bain or not to bain ?

Techniquement, votre chat fait sa toilette quotidiennement, et avec grand soin (il y passe 1 heure 30 de sa journée environ, en petites séquences) ! Il n'est donc pas nécessaire de le laver. Mais, parfois, c'est vrai qu'un coup de main est de mise : s'il sort, par exemple, et revient couvert de boue, ou encore s'il est trop vieux pour se contorsionner, s'il s'est soulagé dans sa caisse de transport, ou encore si vous le faites participer à des expos félines. À part ça, laissez-le gérer !

Pour donner un petit coup de frais à son pelage

→ Le shampooing sec. Posez votre chat sur une serviette de toilette pour qu'il ait du grip et, avec une autre serviette saupoudrée de shampooing sec (attention, un shampooing sec spécial chat !), frottez votre chat. Terminez par un brossage !

Pour un nettoyage localisé

→ Le gant de toilette. Il est idéal pour nettoyer ses petites pattes pleines de terre ou son arrière-train, par exemple, si votre chat a quelques souillures déplaisantes collées au poil (joliment dit, n'est-ce pas ?)… Il s'agira tout simplement d'humidifier le gant de toilette avec de l'eau tiède pour ensuite nettoyer la zone.

Pour un gros nettoyage

Le bain. Il peut être nécessaire, par exemple si votre chat a eu une diarrhée dans sa caisse de transport… Uncool ! Attention, il ne faut pas remplir la baignoire et y plonger votre chat ! Préparez à l'avance la pièce en allumant si besoin un petit chauffage, en installant une serviette dans le fond de la baignoire ou du bac à douche pour que votre chat ne glisse pas (ça peut être le lavabo pour un chaton), ouvrez le flacon de shampooing (spécifique ! Le pH doit être de 7), et mettez un gant de toilette autour du pommeau de douche (l'eau sera ainsi plus diffuse). Préparez aussi la serviette qui servira à le sécher. Maintenez votre chat par la peau du cou et mouillez-le doucement, avec une eau ni trop chaude ni trop froide (environ 38 °C) en veillant à ne pas trop mouiller sa tête. Prenez une noisette de shampooing et frictionnez doucement, toujours en faisant attention à sa tête et à ses oreilles. Puis rincez-le bien. Si jamais le gant sur le pommeau de douche reste trop déplaisant pour lui, alors munissez-vous d'un petit récipient pour le rincer progressivement. Enfin, enveloppez-le bien dans la serviette pour le sécher.

Évitez le sèche-cheveux, car ça peut être traumatisant, autant par le souffle, la chaleur que par le bruit !

Le conseil de pro, par Valérie Goldman, du salon de toilettage La Griffe
Diluez toujours le shampooing avec de l'eau, inutile que ce soit trop concentré ! ⅓ de shampooing et ¾ d'eau ! Utilisez aussi les produits naturels, moins agressifs !

Je sublime son poil

Un poil tout beau et brillant toute l'année, c'est possible ! Un chat qui reçoit une alimentation de qualité, de la bonne stimulation, un bon relationnel, bref, qui est bien dans ses pattes, aura généralement un beau poil. Mais si vous voulez qu'il ait un pelage encore plus beau, optez pour la levure de bière. Qu'elle soit sous forme de paillettes (à saupoudrer sur sa pâtée, par exemple) ou de comprimés à croquer (un chat gourmand les mange comme des friandises), la levure de bière transformera le beau pelage de votre chat en robe super soyeuse !

Je le brosse

Un bon brossage, rien de tel aussi pour sublimer votre félin, surtout s'il est à poils longs ! Certaines races de chats à poils mi-longs ou longs nécessitent un brossage quotidien pour éviter nœuds ou bourres. On procède (comme toujours avec les chats) en douceur et on choisit un moment où le chat est au calme. On brosse de la tête à la queue, en prenant garde aux pattes et au ventre qui peuvent être plus sensibles. On tâche d'en faire un moment court, surtout si votre chat ne semble pas y prendre plaisir !

Choisissez la brosse adaptée à la situation :

Peigne	il démêle le poil
Brosse à picots	elle démêle le poil
Brosse souple	elle lustre le poil
Brosse carde	elle retire les poils morts
Gants en caoutchouc	ils sont une bonne solution pour les chats un peu récalcitrants !

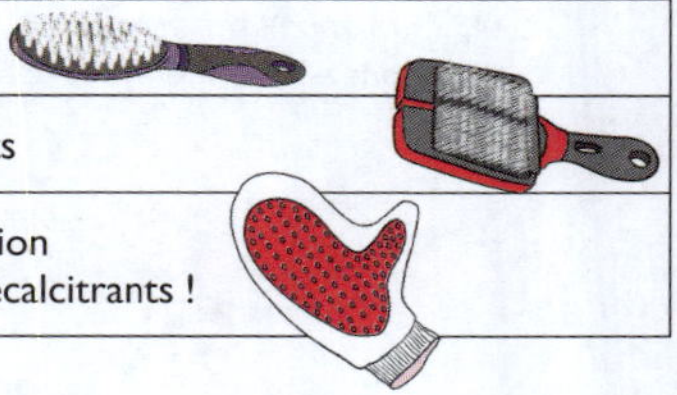

Le conseil de pro, par Valérie Goldman, du salon de toilettage La Griffe
Pour être sûre de ne pas commettre d'erreur et ne pas risquer de faire mal à votre chat, optez pour une brosse à poils souples et un peigne à grandes dents en métal. Oubliez les Furminator®, ces peignes avec lames de rasoir, qui désépaississent bien trop, et finalement abîment le poil !

J'emmène mon chat chez le toiletteur

Un peu trop oublié pour le chat, le toiletteur reste cependant la solution la plus simple (et la plus évidente) pour être sûre de ne pas se tromper et d'entretenir au mieux le poil de son chat ! Là-bas, les experts savent *illico* quels produits appliquer et comment, en fonction du poil de votre minet !

Une petite griffes-cure

Couper les griffes de votre chat n'est pas réellement une question d'esthétique, mais de bien-être. Avant toute chose, il faut savoir qu'il est inutile de couper les griffes de votre chat s'il va dehors. D'une part, il aura tout « sous la main » pour bien les entretenir, d'autre part, il aura bien besoin de ses « armes » pour se défendre, pour grimper aux arbres, pour chasser… Par contre, s'il vit en intérieur, lui épointer les griffes lui apportera du confort, car les griffoirs ne sont pas suffisants pour bien les entretenir (vous avez peut-être déjà entendu les petit tapotis des griffes de votre chat sur le parquet lorsqu'il court à toute allure et dérape !).

Comment faire ?

1. Placez-vous toujours derrière votre chat, surtout si vous êtes seule pour le faire (vous pouvez le caler entre vos jambes, au sol).
2. Appuyez sur le coussinet, vous verrez la griffe sortir : il faudra donc simplement l'épointer. Coupez la partie translucide, et seulement celle-ci, jamais la partie un peu rosée.
3. Si votre chat est intenable ou que tout simplement vous ne vous sentez pas de le faire, alors demandez à votre vétérinaire, qui fera ça d'une main de maître.

Les coupe-griffes spécifiques sont d'une efficacité imparable. Bannissez le coupe-ongles humain ou les ciseaux classiques qui ne sont absolument pas pratiques !

Modelcat

Qui peut résister à l'envie d'immortaliser cette mise en beauté ? **Pierre Thomas, photographe de ChatBeauté.net** explique comment réussir vos plus belles photos de catstagrameuse.

Mettez-vous à sa hauteur pour réaliser une photo inhabituelle et immersive. Accroupissez-vous derrière l'appareil posé au sol.

Essayez de choisir les bons moments : entraînez-vous pendant qu'il mange. Accaparé par sa gamelle, il tolérera votre présence.

Privilégiez les endroits bien éclairés (véranda, près de la fenêtre, à l'extérieur), surtout s'il est de couleur sombre.

Chapitre 9

Et pendant les vacances ?

Holidays ! Si vous êtes plutôt pays lointains, lagons indigo et fiestas jusqu'au bout de la nuit, votre chat, lui, est plutôt séjour au calme… sous l'armoire… chez vous. Il faut se rendre à l'évidence, il se fiche de la vue sur la mer ou la montagne, il préfère celle de la rue en bas de chez vous. Alors, comment faire pour profiter de vos vacances bien méritées sans l'abandonner ? Comment lui offrir, à lui aussi, un été agréable ? En lui proposant sa vie normale… ou presque.

Test : Mon chat peut-il partir en vacances ?

Il sera difficile pour votre chat de s'adapter à votre lieu de vacances s'il est particulièrement attaché à son territoire ou s'il est peureux. Ce n'est pas toujours facile à identifier et parfois subtil dans l'interprétation.

Votre chat est-il attaché à son territoire ?

1 Vous avez déjà emmené votre chat chez votre copine Sophie…

- ● Il est tout de suite allé se frotter partout, et il a visité chaque recoin de l'appart avec délectation !
- ■ Il est resté planqué sous la table basse pendant 5 heures et n'est sorti que pour retourner dans son sac de transport !

❷ Vous venez enfin de terminer la nouvelle déco du salon…

● Très intrigué, votre chat part renifler chaque mur, chaque angle et chaque meuble… Il se frotte, saute sur le nouveau fauteuil et y fait sa toilette en toute tranquillité (il a plutôt l'air d'aimer vos choix déco !).

■ Comme tétanisé, votre chat regarde partout autour de lui, l'air hagard, sans trop savoir quoi faire… (*« Mais qu'est-ce qui s'est passé ici ? »*)

Vous avez coché ● : Votre chat aime sans doute sa maison, mais il est aussi très à l'aise ailleurs et, où qu'il soit, il adore marquer et explorer. Sa nature curieuse joue vraiment en sa faveur !

Vous avez coché ■ : Votre chat n'aime pas beaucoup les changements, il a besoin de ses repères, qui le rassurent. On peut dire qu'il est très attaché à son territoire. Même s'il peut s'y faire avec le temps, les déplacements sont vraiment source de stress pour lui.

Votre chat est-il craintif ?

❶ Vous recevez du monde ce soir…

▲ Votre chat se frotte aux jambes de tout le monde, voire il s'invite sur leurs genoux !

● Présent, il observe tout le monde de loin.

◆ Vos amis sont toujours étonnés de savoir que vous avez un chat ! Mais où est-il ?

❷ Votre chat est installé confortablement sur le canapé quand on sonne à la porte…

▲ Il s'étire doucement, se lève et vient voir qui est à la porte.

● Il se redresse, aux aguets.

◆ Il bondit comme une furie pour aller se planquer sous le lit (et ne plus ressortir) !

Vous avez coché ▲ : Votre chat n'est pas du tout peureux, au contraire même, il adore dès qu'il se passe quelque chose !

Vous avez coché ● : Sans être le plus sûr du monde, votre chat n'est pas non plus un craintif de l'extrême. Même s'il lui arrive de se cacher quand il y a du monde, il pointe assez vite le bout de son nez, finalement.

Vous avez coché ◆ : *« Du monde, où ça ? C'est quoi ce bruit ? »* Oui, on peut dire que votre chat est un peu craintif !

→ Alors, je l'emmène ou pas ?

- S'il est très marqueur, pas du tout craintif et peu attaché à son territoire, vous pouvez l'emmener. Idem s'il est attaché à son territoire, car sa curiosité et son fort besoin de marquer pourront être comblés dans un nouvel endroit.
- S'il est peu marqueur, pas du tout craintif et peu attaché à son territoire, vous pouvez essayer de l'emmener… Mais s'il est attaché à son territoire, mieux vaut le laisser chez lui.
- Qu'il soit ou non marqueur, s'il est très craintif et comme perdu quand il n'a plus ses repères (très attaché à son territoire), laissez-le chez lui. Ce sera mieux pour son bien-être.

Il existe une multitude de combinaisons possibles, et il n'y a pas de règle absolue. Suivez juste les besoins de votre chat ! Faites un état des lieux de son caractère, son comportement en telle ou telle circonstance… Vous vous rendrez compte assez vite de la meilleure solution à adopter. Quoi qu'il en soit, un chat sera moins perturbé en restant chez lui, avec ses repères et sa routine, que trimballé de droite à gauche.

Vacances à la maison

Si vous souhaitez lui offrir les vacances de ses rêves, il suffit de lui booker votre chez-vous. À vrai dire, c'est la solution la plus sécurisante pour votre chat, avec le passage régulier d'un ami ou d'un membre de la famille pour le nourrir et le divertir un peu. Il gardera tous ses repères réconfortants. Car même s'il est vif et curieux, il est avant tout routinier ! L'option royale ? Un ami (ou votre frère, votre sœur, votre tante) vient carrément s'installer chez vous : ainsi, votre chat bénéficiera d'une présence quasi constante.

Et si ce n'est pas possible…

Vos amis sont en vacances avec vous ? Vous n'avez pas de famille dans le coin ? Alors, faites appel à un catsitter ! En choisissant une agence de catsitting, vous serez assurée du sérieux du catsitter. Il viendra tous les jours (voire plusieurs fois par jour), entre une demi-heure et une heure, prendre soin de votre protégé en veillant que ses gamelles soient toujours pleines de bonnes croquettes et d'eau fraîche, jouera avec lui et surveillera qu'il ne soit pas malade. En prime, vous pouvez prendre l'option petit coup de ménage, relève du courrier et arrosage des plantes !

Le site Mon Chat Est Roi propose les visites journalières bien sûr, mais vous pouvez aussi demander que le catsitter passe la nuit chez vous !

Il vient avec moi !

Si votre chat est plutôt très territorial (autrement dit, très marqueur), très curieux, avec une bonne capacité d'adaptation, qu'il est très sociable… alors, pourquoi pas, emmenez-le avec vous, où il sera stimulé par le fait d'explorer un nouvel endroit et de le marquer. Mais, attention, car s'il est plutôt du genre très attaché à son territoire et craintif par-dessus le marché, ses vacances risquent alors d'être bien stressantes pour lui…

Permission de minuit
Ce n'est pas parce que ce sont les vacances pour vous que vous devez lui donner la même liberté ! S'il y a un jardin là où vous allez vous reposer, ne laissez pas votre chat en disposer comme il veut ! Préférez une ou deux sorties max par jour, avec une laisse longue. Pourquoi ? Pour qu'il ne soit pas trop déprimé une fois de retour dans son appartement (et que vous puissiez dormir) !

Pour que le transport se passe bien, utilisez la recette aroma apaisante p. 51 ou le Rescue en fleurs de Bach : 4 gouttes diluées dans un tout petit peu d'eau, à lui donner avec une seringue en plastique 3 fois par jour la veille du départ, et 4 gouttes avant de partir.

Je le mets en pension !

Il faut être prudent avec cette dernière solution. Si votre chat n'a jamais rencontré de congénère avant, la pension peut être un choc pour lui. Le cas du chat très attaché à son territoire s'impose ici aussi, car la pension, nouvel endroit avec zéro repères, sera stressante pour lui. Sans oublier que, dans une pension, il y a plusieurs chats, avec chacun leur histoire, leur caractère, et leurs phéromones de stress.

Comment repérer une bonne pension ?

Pour choisir la bonne pension, prenez le temps de visiter les lieux une première fois, de poser des questions aux gérants… Les personnes consciencieuses seront ravies de vous répondre ! Par exemple, comment gèrent-ils les repas (respectent-ils bien les consignes du chat nourri à volonté ?) ? Les sorties ? Que font-ils si un chat se blesse ?… Et suivez aussi votre feeling !

La bonne adresse ?
La pension idéale, c'est l'hôtel Aristide, l'hôtel pour félins urbains. Ses chambres aménagées jusqu'au plafond et vitrées (pour que les chats se voient) et sa play room avec cachettes et jouets permettent aux chats de passer un séjour parfait, entourés d'infirmières vétérinaires amoureuses des chats. Plein d'extras sont proposés pour que le chat y trouve son compte, et vous aussi. En plus de l'option friandises ou brossage journalier notamment, il y a la possibilité de recevoir un e-mail tous les jours pour avoir des nouvelles (et des photos) de son chat !

Chapitre 10

Ma chat thérapie

Chouchouter, cocooner, papouiller votre chat, c'est sympa et ça vous fait plaisir. Mais savez-vous que votre chat vous chouchoute aussi ? Pas seulement par son exemple de coolness, mais également par ses bienfaits invisibles de petit protecteur ! Après avoir pris soin de lui, laissez-le prendre soin de vous, et vous inciter à adopter un mode de vie feel good. En définitive, vous allez tous les deux bénéficier de ce cercle vertueux, car une maman-chat qui se sent bien apporte du bien-être à son chat qui le lui rend et ainsi de suite !

Un chat porte-bonheur

Toutes les légendes qui revendiquent l'origine du Maneki-neko (« chat qui invite ») présentent le petit félin comme un protecteur, prêt à sacrifier sa propre vie. L'une d'elles raconte qu'un chat, prélassé sur le parvis d'un temple, invita d'un signe de la patte des samouraïs qui passaient ; ceux-ci allèrent à sa rencontre et évitèrent ainsi la foudre qui tomba à l'endroit précis où ils se tenaient les secondes précédentes.

Le Maneki-neko, ce chat qui lève la patte, reste aujourd'hui considéré comme un porte-bonheur. Décliné en plusieurs couleurs, il revêt diverses significations : le blanc, signe de pureté, attire la chance ; le noir, très puissant, guérit et éloigne les mauvais esprits ; le rose apporte l'amour ; le doré apporte l'argent… Alors, qu'est-ce que promet de vous apporter votre petit chat ?

Les 10 bienfaits du chat

Votre chat est un vrai porte-bonheur, mais son rôle dans votre bien-être est bien plus fort que vous ne l'imaginez !

Il vous aide à vivre le moment présent, et à lâcher prise

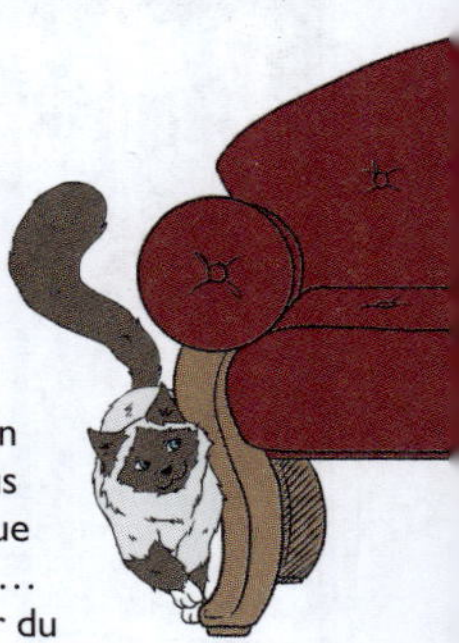

Le chat est un animal sensuel, c'est-à-dire qu'il sollicite vos sens. Quand vous le caressez, vous quittez vos pensées un moment pour vous concentrer sur le toucher de sa fourrure, vos sensations… les siennes… Alors, pendant un temps, vos soucis, vous n'y pensez plus ! Vous réintégrez le présent. C'est le premier pas vers le lâcher-prise ! Et puis, le chat est un instinctif, qui suit ses besoins, simples, quand il en a envie… Il n'y a plus qu'à prendre du recul : à quoi cela sert-il de vous prendre la tête si vous ne pouvez rien changer à la situation ? Est-ce que cela ne nuit pas plutôt à votre bien-être ? Et si vous suiviez son exemple… et si vous suiviez vos envies ? Stop aux prises de tête incessantes, à la peur du regard des autres, et vive la liberté intérieure !

Pour cultiver les bienfaits de la pensée positive, tenez un journal où vous noterez chaque jour tout ce que vous avez fait, tout ce qui vous est arrivé et tout ce que vous avez appris de chaque chose ! Vous verrez bientôt l'effet positif sur le moral !

Il vous réconforte

Même dans vos pires moments, quelle que soit votre coupe de cheveux, vos cernes, vos coups de blues, il est toujours présent. Vous avez une jolie petite boule de poil à chérir ! N'est-ce pas réconfortant ? La gratitude et l'affection sont aujourd'hui étudiées en développement personnel comme deux outils de la pensée positive. Ce que vous ressentez envers votre chat vous permet donc de booster vos capacités à voir la vie en rose et vous diriger vers le bonheur !

Il vous fait rire

En livre et en vidéo, Simon's cat de Simon Tofield vous fera toujours autant rire, avec ses situations *so true*. Ah ! si les chats pouvaient parler… ! Eh bien, *Parole de chat* l'a fait ! Des scènes classiques de la vie quotidienne… revues et corrigées avec la voix de Noël Chanat, pour des fous rires assurés.

Et cela vous rend heureuse. En effet, rire est l'une des façons de produire l'endorphine, l'hormone du bonheur ; c'est une des plus puissantes émotions qui soit. D'ailleurs plusieurs méthodes de bien-être utilisent le rire, comme le yoga du rire ou la méditation du rire. Alors, ne vous privez pas ! Et si votre chat n'est pas à son top level comique, les chats du Web vous aideront ! Au final, les Lolcats sont faits pour ça.

Lolcats, quèsaco ?
Ce sont des photos de chat amusantes ou incongrues accompagnées d'une légende drôle (censée représenter ce qu'il dit, par exemple). Vous trouverez votre séance de fou rire sur le site Lolcats.com. Et pour une activité créative, faites vous-même vos propres lolcats pour partager votre bonne humeur sur le Web !

Il booste votre forme

Et même, il prolonge votre espérance de vie, c'est la science qui le dit ! Eh oui, non seulement nos chats nous tiennent chaud dans le lit, mais ils sont aussi source de bonne santé. Une étude américaine de 2008, suivie d'une autre en 2009, a démontré que les personnes possédant un chat étaient mieux protégées contre les crises cardiaques et les maladies cardio-vasculaires. Caresser un chat libère des endorphines, ce qui diminue le rythme cardiaque et fait baisser le taux d'adrénaline. Bien joué, Kitty !

Il vous déstresse

Ses siestes alanguies… son pelage si doux… son corps tout chaud et ses ronrons réconfortants (aux bienfaits prouvés !) font de votre chat un merveilleux antidépresseur. Alors, bien sûr, il ne faut pas utiliser votre chat comme un doudou, mais quel plaisir de se reconnecter à son corps, à son bien-être, ses besoins, en caressant la soyeuse fourrure de votre petit compagnon ronronnant ! Soudain, c'est comme si tous les tracas du quotidien s'effaçaient, au profit d'un moment de détente absolu et réparateur !

Il vous rend plus efficace au travail

Si, si ! Selon une étude japonaise, regarder les images de chatons améliorerait notre concentration et notre habileté… soit aussi notre efficacité au travail ! En comparant deux groupes au cours d'un test de concentration, on a constaté que le groupe ayant auparavant visionné des images de chatons obtenait un résultat extraordinaire ! Cela tend à prouver que regarder des images de bébés animaux nous pousse vers des élans de tendresse, à être plus précautionneux, à nous sentir plus responsables… Alors, pour vous redonner du cœur à l'ouvrage dans votre journée de travail, pensez à la pause chaton !

Il vous responsabilise et vous aide à être mieux organisée

Eh oui, il en faut de l'organisation pour s'occuper d'un minet. C'est un job à plein-temps. Vous devez occuper ses journées, vous occuper de sa santé, trouver des solutions lorsque vous partez… Tout ça en trouvant le bon équilibre ! Et si vous passez à côté d'une chose, il vous le fera savoir… Aïe ! Encore un problème à gérer. Par exemple, les pipis malvenus (à cause d'une litière mal située ou trop souvent nettoyée), l'agressivité (à cause d'un manque de stimulation ou d'une alimentation mal gérée), les miaulements intempestifs… Si cela arrive, le fait que vous cherchiez la solution (appeler des spécialistes, vous documenter) montre que vous prenez les choses en mains. Après, ce n'est plus qu'une question de temps avant d'appliquer les solutions. *Yes you can !* Ce sentiment de réussite, d'avoir géré, est bon pour l'estime de soi !

Il vous fait faire des rencontres

Les chats, ça crée des affinités ! Entre amoureux de chats, les sujets ne manquent pas, et l'enthousiasme désinhibe. Une façon simple de faire de belles rencontres amicales ou amoureuses en étant sûre que votre potentiel amoureux n'est pas allergique aux poils de chat et tolère que votre félin monte sur la table !

Pour rencontrer de nouveaux amis, faites-le autour d'un thé dans les bars à chats.

Il vous stimule

Votre chat est une source inépuisable d'émotions fortes. Il vous fait peut-être parfois criser, mais il vous fait aussi vivre plus intensément en suscitant en vous amour, générosité, compassion, humilité, joie, émerveillement, courage, gratitude… Bref, il est une force vitale magnifique ! Avec lui, chaque instant peut être une expérience unique, et on peut dire qu'aucun moment n'est perdu ! Et puis, n'oublions pas qu'en vous obligeant à trouver de quoi occuper ses journées, votre chat force votre inventivité ! En somme, il accroît votre énergie, votre créativité et votre évolution personnelle.

#Social cat
Pour vous faire plaisir en affichant fièrement votre petit chat, il est possible de lui créer une page Facebook, Zanibook ou encore Yummypets (yummypets.com). Créez-lui son profil et trouvez-lui des amis (ou des fans), partagez, échangez, et faites-vous aussi en même temps de nouveaux amis qui partagent votre amour des félins ! Et pour lui trouver un(e) fiancé(e), il y a Pets Dating (pets-dating.fr).

Il vous psychanalyse

Avoir un chat permet aussi de se confier plus facilement. Avec lui, vous pouvez extérioriser vos craintes, vos soucis, sans peur du jugement. Ainsi, une fois exprimés, vos problèmes deviennent plus clairs, et plus vite résolus !

Ma it-list de bienfaits

Faire des listes est une façon ludique et efficace de gagner en bien-être. Grâce à elles, vous vous concentrez sur le positif et vous en découvrez plus que vous ne le pensiez ! Dressez la liste de toutes les autres raisons pour lesquelles votre chat est positif dans votre vie !

✓ .... ✓ ....
✓ .... ✓ ....
✓ .... ✓ ....

Zen avec mon chat

Le chat est souvent représenté comme un maître zen. Justement, entre le boulot, les courses, les amies et les amours, on a bien besoin d'un peu de paix ! Profitez donc de votre adorable félin pour vous ressourcer. En plus, comme votre chat est sensible à vos humeurs, plus vous serez zen, plus il le sera ! Alors, prête à monter dans votre petite bulle de sérénité ?

Je médite avec Matou

Les bienfaits de la méditation sont indéniables, et la pratiquer régulièrement permet de déstresser, de lâcher prise, de renouer avec son corps, d'être plus à l'écoute de ses ressentis, en somme de retrouver sérénité et bien-être. C'est à croire que les chats l'ont toujours pratiquée ! Et si vous vous inspiriez de votre félin pour méditer à votre tour, tout en vous connectant à lui ?

Ma méditation en mode cat

1. Inspirez profondément par le nez, en imaginant que vous remplissez votre corps d'une lumière dorée et bienfaisante… Puis expirez lentement en imaginant que la lumière emporte avec elle tous vos maux… Respirez ainsi jusqu'à ce que vous vous sentiez libérée de toute gêne, et que votre corps soit complètement relaxé…
2. Puis, s'il l'accepte, posez votre main sur votre chat, et repensez à votre première rencontre avec lui… à la première fois où vous l'avez tenu dans vos bras… Plongez dans vos souvenirs et revivez tous les moments forts avec votre chat… Sentez tout ce que vous ressentiez alors…
3. Et, consciemment, transmettez tout cet amour à votre chat, comme un fluide qui passe de votre tête… à votre cœur… à votre bras… à la paume de votre main… jusqu'à travers lui…
4. Bercés par cet échange aimant et détendus… vous êtes tous les deux dans un état d'apaisement profond…

Je déstresse avec l'art-thérapie

Le coloriage nouvelle génération est un outil magique de bien-être, de paix et de concentration. La tendance du coloriage est inspirée de la pratique millénaire du mandala, un type de dessin qui sert de support à la méditation et à la spiritualité. Que ce soit pour ne plus penser, pour lâcher prise, ou au contraire pour se concentrer (sans s'en rendre compte), le coloriage a des vertus anti-stress incroyables.

Mode d'emploi

1. Installez-vous confortablement.
2. Fermez les yeux et détendez-vous. Respirez profondément.
3. Choisissez le crayon ou feutre de la couleur qui vous parle, qui correspond à votre état d'esprit.
4. Coloriez de l'extérieur vers l'intérieur pour vous recentrer, ou de l'intérieur vers l'extérieur pour vous ouvrir au monde.

Si vous préférez les crayons de couleurs aux feutres, choisissez-les plus gras que les crayons classiques. Optez pour une marque type Caran d'Ache.

Le cat yoga

Ou comment allier votre passion féline au sport et à la méditation ! À New York, le cat yoga est quasiment devenu une « discipline ». Un centre y a ouvert ses portes pour offrir 30 minutes de caresses et 45 minutes de yoga, avec option chat sur le dos. Si cette idée est un peu tirée par les cheveux (car il est difficile de maîtriser un chat pour qu'il fasse les postures avec vous), chat et yoga ne sont pas incompatibles. Inspirez-vous de ses étirements et de sa philosophie pour travailler encore mieux. Ou pour vous y mettre !

Et si votre chat participe...

Il intensifiera votre séance ! Faites la posture de l'arbre alors que votre chat titille votre cheville et vous travaillerez deux fois plus vos muscles stabilisateurs ! La posture du demi-pont avec le chat sur le ventre, et c'est parti pour un renforcement ++ de la sangle abdominale ! La posture du lotus avec votre chat blotti entre vos jambes croisées… et vous n'avez plus le choix que d'y rester. Avec lui, vous obtiendrez un corps de rêve… au minimum. En bonus, la posture du chien tête en bas avec, hop, un petit bisou sur le museau intrigué de votre chat, ça fait toujours du bien !

Mon coloriage chat

Les applis de la situation
Pour colorier depuis sa tablette, n'importe où, n'importe quand, sans matériel ! Colorfly (le flamant rose sur fond arc-en-ciel) ou Color Therapy proposent de superbes chats.

Pause détente au bar à chats

Un tea time entre amis, entourés de félins, ça vous tente ? Inspirés du concept japonais, les bars à chats fleurissent un peu partout à travers la France. Mais attention, à la différence du Japon, dans ces nouveaux lieux, il ne s'agit pas de louer un chat, d'exiger de pouvoir le caresser ou de le porter, mais plutôt de passer un bon moment entre amis à côté des chats, qui se faufilent entre vos jambes ou dorment sur la chaise à côté, en profitant de leur présence chaleureuse, attendrissante et apaisante. N'attendez pas qu'ils fassent le show (il se peut même qu'ils restent invisibles) ! Ah, ces minets !

Chut !
Quelques consignes à respecter pour leur bien-être : S'ils dorment, ne les réveillez pas. S'ils ne viennent pas spontanément réclamer des caresses, ne les obligez pas, respectez leur choix. Enfin, ne les nourrissez pas non plus : dans un café, difficile sinon de garder la ligne.

Le témoignage de Sarah

Ce n'est pas le salon de thé habituel où l'on vient pour consommer dans son coin avant de repartir chacun de son côté. Ici, on prend le temps de se poser pour se détendre avec un chat ou deux à nos côtés, on déambule au milieu des félins et on se mêle aux autres pour partager ses expériences de vie. Aujourd'hui, je me sens très impliquée dans la vie du Chat voir vivre. J'y ai trouvé une seconde famille. Je n'ai plus peur de m'ouvrir aux autres, je suis plus épanouie, et pour moi, c'est ça, la chat-thérapie.

La ronron thérapie

Votre chat a un pouvoir magique : son ronronnement ! Outre le bien-être qu'il apporte par sa présence, son ronron a une action concrète sur la santé et sur l'humeur. Vous vous souvenez qu'il ronronne pour s'apaiser et se guérir : il est capable de la même chose pour nous.

Comment ça marche ?

Ce sont les vibrations émises par les ronrons du chat qui sont à l'origine de la guérison. Ces vibrations de basses fréquences (entre 20 et 50 Hz) sont les mêmes que celles qu'emploient les kinés pour accélérer la cicatrisation et la réparation des os ou muscles abîmés.
Les vibrations perçues par notre tympan et nos corpuscules de Pacini (terminaisons nerveuses placées au ras de la peau) entraînent la production de sérotonine, « hormone du bonheur », un neurotransmetteur qui joue notamment un rôle important sur notre sommeil et notre bonne humeur. D'où son effet anti-stress ! Elles sont aussi utilisées dans certaines musiques de film pour provoquer l'émotion, justement.

Je deviens sereine pour lui...

Votre chat vient se blottir contre vous lorsque vous avez mal au ventre ? Que vous êtes couchée avec une grippe ? Au contraire, est-il insupportable quand vous connaissez une phase de stress intense au boulot ? On parle de son 6e sens, mais il y a là aussi ses facultés olfactives incroyables. Le chat, vous le savez, est capable de sentir les phéromones, mais pas seulement les siennes ou celles de ses congénères, celles des humains aussi. Ainsi, il est capable de percevoir les phéromones qui émanent d'une femme enceinte.

Votre chat est sensible à vos états de santé et à vos changements d'humeur... Aussi, plus vous serez zen, plus il le sera ! Eh oui, la réussite d'une vie harmonieuse avec votre chat va beaucoup en dépendre... Le chat est une telle éponge à émotions que si vous savez lui transmettre les bonnes, alors il les reflétera dans sa vie à vos côtés ! Et pour cela, vous devez déjà trouver la sérénité en vous-même.

Conclusion

Parce que votre chat est toujours là pour vous, qu'il vous apporte de la joie, de l'apaisement et de l'affection, parce que votre bien-être se reflète sur le sien, et *vice versa*… Cultivez tous ces sentiments positifs !

Notez tous vos jolis moments ensemble dans ce journal, et même vos moments difficiles, ils vous feront bien rire avec le recul, si si ! Une vraie petite bombe à pensées positives qu'il vous suffira de relire pour vous donner le sourire. *Live happily ever after !*

Mon petit mémo-tion

Il s'appelle ....

....

Je lui ai donné ce nom parce que ....

....

L'histoire de son adoption, c'est ....

....

Le premier jour et la première nuit à la maison, ...

....

Le plus beau câlin qu'il m'ait jamais fait, ...

....

La première fois où il a été malade, ...

....

Ses câlins préférés, ...

....

Mais il n'aime pas qu'on le touche ....

Sa plus grosse bêtise, c'est quand ....

Ce qu'il préfère manger, ...

Son jouet fétiche, ...

Son spot idéal pour siester, ...

Son habitude la plus marrante, ...

Son habitude la plus craquante, ...

Son habitude la plus enquiquinante, ...

Son rituel préféré, ...

Sa petite manie que j'adore, c'est quand ....

Sa pose-photo qui me fait marrer, c'est quand ....

Le plus drôle des souvenirs avec lui, ...

Le plus touchant des souvenirs avec lui, ...

L'anecdote la plus incroyable, ...

La chanson que je lui dédie : ....

À quel personnage il me fait penser : ....

Sa vie cachée que je me raconte (par exemple, quand je ne suis pas là, il devient un super détective privé) : ....

Si mon chat était…

Une couleur : ....

Un jouet : ....

Une célébrité : ....

Un autre animal : ....

Un aliment salé : ....

Un aliment sucré : ....

Une chanson : ....

Une fleur : ....

Un hobby : ....

Un film : ....

Un sentiment : ....

Une partie du corps : ....

Un objet déco : ....

Un élément du cosmos : ....

Carnet d'adresses

Les sites de l'auteur

- Marion Ruffié : comportementaliste spécialiste du chat à Paris
- Son site : www.comportementaliste-specialiste-chat.com
- Son blog : www.absolumentchats.com
- Sa chaîne YouTube : Absolument Chats
- Pour la contacter : marion@absolumentchats.com

Spécialistes

- Céline Gastinel-Moussour : vétérinaire, phytothérapeute. Eiffelvet : 2, rue Saint-Saëns, 75015 Paris, 01 44 37 25 25 ; cabinet Bouffémont : 6, rue Ferdinand-de-Lesseps, 95570 Bouffémont, 01 39 35 07 76 ; clinique de la Patte-d'Oie : 155, boulevard Victor-Bordier, 95370 Montigny-lès-Cormeilles, 01 39 31 62 62
- Émilie Dammé-Dumoulin : comportementaliste félin et accompagnement holistique, reiki, 06 64 35 08 12, emilie.damme85@gmail.com
- Justine Gautier : ostéopathe animalier, osteotrot@hotmail.fr
- Manuel Daniel-Lacombe : vétérinaire, 116 rue du Faubourg-Poissonnière, 75010 Paris, 01 42 82 04 05

Services

- Photographe spécialiste du chat : Pierre Thomas, Chat beauté, www.chatbeaute.net
- Musique pour chat : CatSonics, www.catsonics.com

Boutiques pour chats

Mobilier pour chat :

- ChatPerché : www.chatperche.fr
- Meyou : www.meyou-paris.com
- Fit'z Good : www.fitzgood.fr

Alimentation healthy :

- Ultra Premium Direct : www.ultrapremiumdirect.com

Général :

- Wanimo : www.wanimo.com
- Zooplus : www.zooplus.fr
- Dog & Cat Design : www.dog-and-cat-design.com
- La Boutique à Pierrot : www.laboutiqueapierrot.com
- Luxe toutou : www.luxetoutou.com
- Moustaches : 32, rue des Archives, 75004 Paris, 01 42 71 05 21, www.moustaches.fr

Créateurs :

- Cat in Berlin : www.catinberlin.com

Pour les vacances

- Mon chat est roi (www.monchatestroi.fr, 06 20 02 04 44) : catsitting
- L'hôtel Aristide (www.aristide-hotel.com) : la pension pour chat. 11, rue Ambroise-Thomas, 75009 Paris, 01 42 46 86 46
- Prête-moi ton chat (pretemoitonchat.com) : catsitting de particulier à particulier

Blogs

- *La Liste des jolies choses* : www.lalistedesjolieschoses.com
- *Yearn Magazine* : www.yearn-magazine.fr

Infos pratiques

- C-Nesoa (www.cnesoa.com) : Centre national des études supérieures d'ostéopathie animale, Le Manoir Fleuri, route de Chazeron, 63140 Chatel-Guyon, 04 73 64 56 93
- I-cad (www.i-cad.fr) : fichier national d'identification des carnivores domestiques, 0 810 778 778

Boutiques en ligne mode et design chat pour moi

Mode (vêtements, chaussures, sacs, bijoux...) :

- La Boîte à chats (www.laboiteachats.com) : tee-shirts mais aussi jolis chemisiers en mousseline, collants, pulls, tuniques, bijoux à l'effigie de votre félin… bref, de quoi vous faire toute une garde-robe cat addict, fait main et made in France !
- Nala (www.nalacat.com) : des sacs fun, acidulés, décalés.
- Sobi Graphie (www.sobi-graphie.fr) : c'est une créatrice française qui propose des sacs notamment, faits main et made in France, pour des lignes pures et mimi.
- Irregular choice (www.irregularchoice.com) : côté chaussures, les modèles Simba ou Miaow sont incontournables.
- Russian Cat Tattoos de la marque Gama Go, des tattoos éphémères pour un petit côté hipster très trendy.

Déco, accessoires et papeterie :

- Chez Fée (www.chezfee.com) : propose un grand nombre d'accessoires aux motifs chats, comme des porte-monnaie Maneki-neko, des petits accessoires pour smartphone, des mugs en patte de chat from Japan. Attention, grand retour en enfance !
- Sobi Graphie (www.sobi-graphie.fr) : Sobi Graphie est aussi l'alliée idéale des pauses thé ou café, mignonnes et raffinées à la fois, avec de très beaux mugs et tasses !
- Ibride (www.ibride.fr) : dans la catégorie art de la table, ne manquez pas les plateaux d'Ibride, avec leur série mi-baroque, mi-barrée, illustrée d'un chat Sphinx en costume très distingué !

Bars à chats

- Le Café des Chats (www.lecafedeschats.fr) : 9, rue Sedaine, 75011 Paris
- Chat Mallows Café (www.chatmallowscafe.fr) : 30, rue des Volontaires, 75015 Paris
- Kafélin (www.kafelin.fr) : 14, rue Durand, 34000 Montpellier
- Le Chamouraï (www.lechamourai.fr) : 8, rue Pailleron, 69004 Lyon
- La Ronronnerie (www.laronronnerie.fr) : 4, rue de Lépante, 06000 Nice
- Nice Cats café (www.nicecatscafe.fr) : 1 bis, rue de Vernier, 06000 Nice
- Au Chat voir vivre : 159, rue Gambetta, 59000 Lille

Box culture

DVD

- *Cats* : un musical qui a fait le tour du monde.
- *Le Chat potté* : le spin-off de *Shrek* pour passer un moment en toute légèreté avec le plus *caliente* des félins !
- *Le Chat du rabbin* : pour plus de « philosophie », avec le film d'animation inspiré de la bande dessinée, réalisé par Antoine Delesvaux et Joann Sfar himself.
- *Le Royaume des chats* : besoin de poésie ? Avec cet anime du Studio Ghibli, vous allez retomber en enfance avec délectation.

BD

- *Chi* : manga réalisé par Konami Kanata, Chi raconte l'histoire d'un adorable petit chaton qui trouve refuge chez les Yamada. Apprentissage de la propreté, découverte de l'environnement, première rencontre avec un chien, mais aussi la douceur des câlins et le bon goût des croquettes, une succession d'histoires courtes qui mettent en scène Chi dans toutes ses découvertes de la vie.
- *Blacksad* : envie d'un peu plus d'aventure ? de tension ? Chef-d'œuvre de la bande dessinée créée par Juanjo Guarnido et Juan Diaz Canales, ce polar raconte l'histoire de John Blacksad, détective privé (et charismatique chat noir), que l'on suit au fil de ses enquêtes dans les États-Unis des années cinquante, où suspens, luxure et business ne font pas toujours bon ménage…

Applis de jeu

- *Chatville (Kitty city)* : où il faut sauver et réunir tous les chats de la ville Kitty, en tranchant (du bout du doigt) arêtes de poissons, cupcakes, briques de lait, etc. en évitant les bombes ! En gros, c'est le *Fruit Ninja* des chats ! On devient vite accro à ce jeu tellement les chats sont adorables !
- *Dig it ! Mine du chat* : jeu de stratégie avec des chats mineurs qui explorent les couches terrestres !
- *Daily Kitten* : vous adoptez un chaton et vous prenez soin de lui bien sûr !
- *Cat Hotel* : nourrir, toiletter, faire jouer vos pensionnaires… comme en vrai.

Bibliographie

- *Le B.a-ba des plantes pour mon chat*, Céline Gastinel-Moussour, Le Pré du Plain, 2013.
- *Phytothérapie et soins naturels pour mon chat*, Céline Gastinel-Moussour, Le Courrier du livre, 2012.
- *Réflexologie pour les chats*, Jackie Segers, Le Courrier du livre, 2011.
- *Comment faire de votre chat une star Internet*, Patricia Carlin, Rustica, 2014.
- *Chats*, Tamsin Pickeral, Flammarion, 2014.
- *La Ronron thérapie : ces chats qui nous guérissent*, Véronique Aïache, Le Courrier du livre, 2009.
- *Yoga pour chats*, Claire et Christian Gaudin, éd. du Relié, 2006.
- *Chat thérapie : 100 coloriages anti-stress*, Mademoiselle Ève, Hachette Pratique, 2016.
- *Inspiration chats, 70 coloriages anti-stress*, Dessain et Tolra, 2015.
- *Creative Cats*, Marjorie Sarnat, Dover publications Inc., 2015.
- *Liam, le chat guérisseur*, Djoïna Amrani, Solar, 2016.

Remerciements

Merci à Ben, pour son amour et son soutien sans faille, Émilie Dammé-Dumoulin (elle sait pourquoi… !), Carole, une coucousine d'enfer, Gwladys, qui a toujours eu les bons mots, et merci à Rachel, qui m'a permis d'en arriver là.

Merci au Dr Céline Gastinel-Moussour pour son enthousiasme, son appui et sa participation active, aux éditions Le pré du Plain, ainsi qu'à toutes les personnes qui ont apporté leurs lumières dans cet ouvrage : le Dr Erwan Spengler, le Dr Manuel Daniel-Lacombe, Pierre Thomas, Stéphane Jambu, Gauthier Berdeaux, Justine Gautier, Léonor Meyer…

Merci à mes parents, sans doute les meilleurs du monde. Et à mes trois « chamours », Tit, Poupou et Shifu ♥

Direction : Jean-Louis Hocq
Direction éditoriale : Marion Guillemet-Bigeard
Édition : Gwladys Greusard
Conception de la couverture : Stéphanie Brepson
Mise en pages : Nord Compo
Fabrication : Laurence Duboscq

ISBN : 978-2-263-17247-2
Code éditeur : L17247
Dépôt légal : octobre 2020

Imprimé en Chine par Paper Song

SolarEditions
solar_editions

Solar, un département d'Édi8
92, avenue de France, 75013 Paris